“十四五”普通高等教育国际经济与贸易专业核心课程教学案例丛书

U0816504

国际贸易教学案例

关建波　王绍媛　主编

GUOJI MAOYI JIAOXUE ANLI

东北财经大学出版社
Dongbei University of Finance & Economics Press
大连

图书在版编目（CIP）数据

国际贸易教学案例 / 关建波，王绍媛主编．—大连：东北财经大学出版社，2023.12

（“十四五”普通高等教育国际经济与贸易专业核心课程教学案例丛书）

ISBN 978-7-5654-4989-5

Ⅰ.国…　Ⅱ.①关…②王…　Ⅲ.国际贸易-教案（教育）-高等学校
Ⅳ.F74

中国国家版本馆CIP数据核字（2023）第202018号

东北财经大学出版社出版

（大连市黑石礁尖山街217号　邮政编码　116025）

网　址：http：//www.dufep.cn

读者信箱：dufep@dufe.edu.cn

大连永盛印业有限公司印刷　　东北财经大学出版社发行

幅面尺寸：170mm×240mm　字数：171千字　印张：8.75　插页：1

2023年12月第1版　　2023年12月第1次印刷

责任编辑：李　彬　王芃南　　责任校对：一　心

封面设计：原　皓　　版式设计：原　皓

定价：44.00元

教学支持　售后服务　　联系电话：（0411）84710309

版权所有　侵权必究　　举报电话：（0411）84710523

如有印装质量问题，请联系营销部：（0411）84710711

“十四五”普通高等教育国际经济与贸易专业核心课程教学案例丛书

丛书主编：李勤昌

丛书编委（按姓氏笔画排序）

方韵诗　关建波　何　芬　袁　柳

常　崑　鲁朝云　曾莉婷　潘银坪

总序

教材是体现教学内容和教学要求的知识载体，是教与学的基本工具，是提高人才培养质量的重要保证。为进一步贯彻落实《教育部关于加快建设高水平本科教育全面提高人才培养能力的意见》(教高〔2018〕2 号)、《教育部关于一流本科课程建设的实施意见》(教高〔2019〕8 号)、《高等学校课程思政建设指导纲要》(教高〔2020〕3 号)和《普通高等学校教材管理办法》(教材〔2019〕3 号)等文件精神，更好地服务于学校全面深化教育改革、提升教育教学水平和人才培养质量，支持一流本科专业和一流本科课程建设，我们组织编写了“‘十四五’普通高等教育国际经济与贸易专业核心课程教学案例丛书”。

根据应用型人才培养目标，运用OBE理念下的“多元组合教学法”，包括问题导向教学法（PBL）、合作学习、自主课堂、研讨式教学、探究式教学、翻转课堂、对分课堂等，抓住“一个中心三个基本点”(以学生为中心，问题导向、课堂思政、能力培养)，实现为党育人、为国育才的教学目的，应该是普通高等教育高质量发展的总体趋势和重要内容。

多元组合教学法的要义还是PBL教学法（也可称为案例教学法)，就是倡导学生通过自主学习培养主动学习的能力和运用知识解决实际问题的能力，其他的方法只是侧重点不同而已。PBL教学法是根据以学生培养为中心的理念，老师按照教学计划，给出特定的问题，让学生课前通过自主学习，准备问题解决方案，再通过翻转课堂等方式，通过课上的学生变老师、老师变导师的生生互动、师生互动、审辩创新，优化解决方案，由此激发学生学习的主动性，培养自学能力、创造能力、团队精神的一种教学方法。PBL教学法应该具备以下要素：一是要具有真实的带有普遍性的特定问题，作为学生学习的起点；二是要建立学习小组，以便小组合作，自主学习，培养学生自学能力和协作能力；三是要有课上讨论，让学生在讨论中优化解决方案，培养思辨能力、挑战精神和沟通能力；四是要有具备教练能力的教师，维持学习秩序和指引方向；五是要有课后的自我评价，观察学生的知识、能力升华状况，反馈至课程的初始设计。

与传统的讲授式教学法相比，PBL教学法是颠覆性的。在这种教学方式下，课堂的主体是学生，由学生通过对思考问题的讨论，锻炼前述各项能力，教师只是课堂的组织者和学习的促进者。为了解决来自现实世界的特定问题，学生必须在课堂讨论之前主动搜集和学习相关理论知识，运用自己的智慧分析特定问题并提出解决问题的方案，由此提高学生学习的主动性和自觉性，培养学生的知识运用能力和决策能力。正因如此，自美国哈佛商学院在1921年正式采用案例教学法后，这一方法在全球商学院迅速传播开来，我国的相关专业也在大力推行这一教学方法。

实施PBL教学法的一个先决条件是要有好的教学案例。这里所说的教学案例不是传统教学中使用的简短的说明性案例，一个标准的教学案例应当包括案例正文和案例使用说明两个部分。案例正文是对某个企业所发生的需要解决的问题的客观情景描述，有时间、地点、人物、事件发生过程和所遇困惑的交代，结构通常包括背景、情景描述、思考问题和参考资料等，其编写目的是让学生能够识别案例所设置的问题，然后通过主动学习相关理论知识，提出解决这些问题的方案。案例使用说明是为教师组织和引导学生课堂讨论提供指导，通常包括教学目的、分析思路、理论指导、教学组织等内容。

案例教学的实施过程也是颠覆性的。在经典的案例教学课程中，教师应当指定课前阅读材料，包括案例正文、思考问题、相关教材和理论文献等。学生必须课前阅读所有材料，识别和认真分析案例中设置的特定问题，提出问题的解决方案。在进入正式课堂讨论前，学生还应当进行小组讨论，通过相互学习，完善自己的决策方案。在课堂讨论中，教师是学习的组织者和促进者，而不是简单的知识灌输者。教师应当努力将教室营造成为一个合作性的讨论场所，围绕特定问题，组织和动员每个学生有序地参与各个具体问题的讨论，通过讨论让学生发现知识、运用知识，使课堂成为自主学习和锻炼合作决策的场所。

正是基于上述认识，本教学团队近些年来在积极尝试推行国际贸易和国际商务专业的PBL教学法和案例编写工作，《海上货物索赔教学案例》已于2016年由东北财经大学出版社出版，其中3个教学案例被中国专业学位教学案例中心收录。现在呈现给大家的教学案例丛书目前暂定7本，为国际经济与贸易本科专业核心课程的PBL教学改革而编写，包括《经济学教学案例》《世界经济概论教学案例》《国际贸易教学案例》《国际贸易实务教学案例》《国际货物运输教学案例》《国际商法教学案例》《国际结算教学案例》。

各分册采用统一编写体例。总体架构采用盯住主教材架构的方法，章、节、目名称总体上与其服务的主教材的章、节、目保持一致。原则上，每一章编写综合性的引导案例，涵盖该章的主要知识点。主要节、目（若目下有若干个知识点，则每一知识点）编写随堂案例，每一章（包括主要的节）编写若干综合案例，供该章（节）的学习总结与能力培养效果检验之用。各类型案例有中文表达的，也有全英文表达的。

各类案例原则上采用哈佛商学院的案例编写框架与构成要素。

引导案例是在讲授新的章节之前引出主题，激发学生兴趣，启发学生思考的短篇案例。其正文应当是涵盖该章、节、目的知识点的，综合性的或单一性的短篇案例，可以不编制案例使用说明。

随堂案例是针对本次课程的核心知识点，在课堂上发放、现场阅读、即时展开讨论的短篇案例，讨论时间一般为10~15分钟。该种案例短小精悍，主要预埋有特定问题的故事情节、讨论思考题等。为加强课程思政建设，还编有较为丰富的课程思政类教学案例。

综合案例通常是针对一次或几次课程的内容，需要学生课前或课后自行阅读、认真准备，课上以小组为单位作案例分析报告，并进行自由讨论的长篇案例。该种案例正文包括时间、地点、人物、预埋有特定问题的跌宕起伏的故事情节、讨论思考题、参考文献、附录等。

各分册主编和参编人员均具有长期专业或课程教学经验，成果丰富，从而保证了本丛书的先进性、创新性和挑战度。各分册既包括编者自己开发的教学案例，也包括对国内外权威机构公开发布和其他学者编辑的案例改编形成的教学案例，在此谨向这些机构和学者表示衷心的感谢。为多门课程编写系统的教学案例乃首次尝试，不妥之处欢迎读者和使用者提出宝贵修改意见。

本教学案例丛书为“广州工商学院2021年度校级教材建设项目”成果。

李勤昌

前言

“国际贸易”课程是国际经济与贸易专业的专业核心课程之一，课程目标是为中国培养具有较高理论素养的对外贸易事业应用型人才。“国际贸易”课程系统介绍国际贸易的发展历史、基本理论、相关政策和基础知识，培养涉外经济贸易部门、对外贸易企业从事实际业务、管理和策划工作的专业人才。为提高为党育人、为国育才效果，全国上下都在推动一流课程建设，其核心内容之一就是改革课程教学方式。推行PBL教学方式是课程教学改革的重要内容，而PBL教学离不开好的教学案例。为满足国际贸易课程推行PBL教学方法的需要，特编著《国际贸易教学案例》教材。

本教材总体框架按照东北财经大学出版社出版的《国际贸易》（姜文学主编、王绍媛副主编）的章节目框架编写，为该教材的主要知识点对应性地配备教学案例。每一章编配有引导案例，让学生体会本章主要学什么，为什么学。主要节、目编配了解释性案例，帮助同学们理解知识点、运用知识点。每章编配综合分析案例，内容较长，其间隐含了本章涉及的多个重要知识点，启发学生自主地运用所学知识和网络知识解决案例中遇到的问题，具有高阶性和挑战性，能够培养学生独立思考习惯和运用知识解决复杂问题的能力。

本教材由关建波、王绍媛主编。第一章、第二章、第三章、第八章和第九章由关建波编写，第四章、第五章由甘荣俊编写，第六章、第七章由孙俊编写，关建波负责统稿和文字整理工作。教材中部分引用了公开出版的案例集、主流媒体相关事件报道中的资料，我们尽量提供资料来源，在此对相关权利人表示衷心感谢。尽管编写中作出极大努力，仍难免存在不足，衷心期望读者提出宝贵修改意见。

《国际贸易教学案例》编写组

2023年9月

目 录

第1章　国际贸易的产生与发展

开篇案例

【案例正文】

全球消费市场联系紧密：美国消费市场离不开中国制造，美国的可口可乐、麦当劳和好莱坞电影在中国很受欢迎，欧洲人无法忍受没有咖啡的日子，南美洲咖啡豆农用葡萄牙语和西班牙语谈论天气。然而，贸易战争却随着贸易的发展而出现。

《贸易战争》写道："自全球贸易初具雏形之日起，'战争'就与之如影随形。有关贸易战争的形式多种多样，既有纯粹商业性质的竞争与博弈，也有因此而引发真正军事意义上的，甚至是大规模的战争。想要厘清'全球贸易'以及'贸易战争'的前因后果，我们需要先把视线投向15世纪，因为在此之前，'世界'这个很现实的概念只存在于人们的推测与臆想当中。而在此之后，随着地理大发现，世界终于被连成了一体，一场场惊心动魄的贸易战争也开始不间断地上演着。"

在历史发展过程中，贸易战争起初是在两个敌对国家之间发起的，目的是防止对手利用贸易机会迅速壮大起来。譬如，14世纪英法百年战争的起源便是贸易战争。当时法国的一些领地拼命地从英国进口羊毛进行加工贸易，法国政府认为这壮大了自己的敌手英国，因此禁止这些领地与英国进行贸易，于是开始了第一次贸易战争，这场贸易战争后来引发了一场真正的战争，而这场战争一打就是一个世纪。

这种贸易战争起源思想一直延续至今，并且成为当今贸易摩擦产生的重要原因。在当前中美贸易摩擦问题上，美国对中国设置贸易壁垒的理由是，如果让高技术产品出口到中国，将会培养自己的潜在敌人。因此，当美国政府和国会将中国看成是潜在的敌对国家时，贸易摩擦的产生就是对历史的重复，就像14世纪英法贸易战争发起时，法国将英国看成是敌人一样。

实际上，国家之间的贸易摩擦目的是一致的，为了防止对手崛起而在经济实力上超越自己，向对手实施贸易壁垒是一种重要的手段。反过来，当一个国家被贸易制裁时，该国政府为了维护自身的经济利益和政治诉求，会对制裁国实施对等的贸易壁垒。这时候你来我往，便在世界各国之间产生了形式多样的贸易摩擦。贸易摩擦在大国经济发展停滞，或者全球经济衰退的环境下会越来越多地被使用。20世纪30年代以及七八十年代的世界性经济衰退，世界主要工业国家为了保护本国工业产业以及国民经济的发展，都实施了具有侵略性和扩张性的贸易保护政策，导致了严重的世界性贸易摩擦。特朗普政府为了阻止美国衰落，抑制中国崛起，维护美国霸主地位，对中国挑起贸易摩擦，对中国输美产品强征高额关税，禁止中国高科技企业在美投资，推行单边主义。因此，世界贸易摩擦成为了保护本国利益的重要手段，也将成为未来常见的世界性问题和难题。

习近平总书记在中国共产党第二十次全国代表大会上的报告提出：推进高水平对外开放，稳步扩大规则、规制、管理、标准等制度型开放。但世界多极化格局下，贸易摩擦和地缘冲突加剧使得对外贸易环境不确定性更加明显，世界局势也因此变得更加复杂。这决定了中国走向世界的道路是异常曲折的。面对如此复杂的世界，中国在国际贸易中应该如何应对？这是摆在中华民族伟大复兴面前的一个长期存在难题，需要我们长期关注和思考。

【涉及的问题】

在贸易产生和发展的历程中，全球消费市场被连成一体，但为什么贸易国之间会发生形式多样的贸易摩擦？为什么会出现贸易战争？本章正是对国际贸易的基本概念和发展历程进行讲解。通过对本章的学习，有助于从历史长河的视角理解贸易摩擦乃至贸易战争产生的根源。

思政案例

在国际贸易发展历史中，贸易战争的思维和现象屡见不鲜，贸易摩擦成为西方资本主义国家打压中国经济发展的手段。在严峻的国际形势下，我们应该以中国革命先烈为榜样，努力提升自身的国际贸易技能。

2022年，是中国无产阶级革命家、军事家左权同志殉国80周年。左权同志融合了1924年至1927年大革命时期及苏联红军最先进的战术，是中国著名游击战术创造者之一。抗日战争爆发后，他担任八路军副参谋长、八路军前方总部参谋长，后兼任八路军第二纵队司令员，协助朱德、彭德怀指挥八路军开赴华北抗日前线，粉碎日伪军“扫荡”，取得了百团大战、黄崖洞保卫战等战役的胜利，威震敌后。左权同志的事迹激励和鼓舞着我们前行。

2009年，他被中央宣传部等11个部门评为“100位为新中国成立作出突出贡献的英雄模范人物”。在国难当头、民族危亡之际，左权同志所表现出的忠于祖国、忠于人民、忠于党的高尚品格和无私奉献、不屈不挠、舍生取义的革命精神，将不断激励着后人为实现国家强盛、民族复兴的伟大目标而奋斗。

当前大国博弈加剧，冷战思维作祟，国际经贸环境的不稳定性和不确定性明显增加，发达国家对中国实施的贸易壁垒层出不穷，企图以围堵的方式打压中国经济发展，甚至不惜威胁地区和平与繁荣。在这样的国际经贸形势下，作为国际贸易课程的学生，应该继承无产阶级革命家、军事家左权同志的革命精神，自律自强，勇往直前，通过对国际贸易课程知识的学习与运用，掌握应对国际贸易不平等现象的能力和工具，粉碎发达国家以不平等的国际贸易规则打压中国经济发展的阴谋，为国家、为企业、为个人在风云变幻的国际经贸环境中取得一场接一场的胜利，从而为实现中华民族伟大复兴贡献自己的一份力量。

在国际经贸形势变幻莫测的背景下，左权同志的革命精神应该如何应用到当今中国的大国博弈之中呢？

1.1　国际贸易的含义与影响国际贸易发展的因素

1.1.1　国际贸易的含义

案例 1

美国贸易逆差再创历史新高

【案例正文】

美国商务部于2022年2月8日公布了2021年对外贸易数据。2021年，美国商品和服务贸易逆差达到8 591亿美元，同比增加了27%，创历史新高，刷新2006年7 635.3亿美元的贸易逆差纪录，其中，商品贸易逆差更是超过1万亿美元。美国对中国贸易高额逆差的根本原因，是两国产业的高度互补性。一方面，美国对中国商品进口过度依赖，大量进口中国商品，但另一方面美国却限制本土高科技产品出口到中国，这是美国贸易逆差越来越大的重要原因。

从商品贸易来看，2021年美国商品贸易逆差达到1.09万亿美元，同比增长了18.3%。其中，中国是美国最大的贸易逆差国，2021年美国对中国的商品贸易逆差达到3 553亿美元，占美国贸易逆差的32.6%。这成为了美国贸易逆差规模创历史新高的重要原因之一。

美国对欧盟、墨西哥、中国台湾的商品和服务贸易逆差也是美国贸易逆差创新高的重要原因。2021年美国对欧盟贸易逆差为2 196亿美元，比2020年增加

19.1%；对墨西哥的贸易逆差为1 082亿美元；对中国台湾的贸易逆差同比增加28.9%，达401.9亿美元。虽然2021年贸易逆差刷新纪录，但美国对57个国家和地区的出口也创下纪录，工业用品和材料、食品、消费品、其他商品以及石油出口均创纪录。其中美国对墨西哥的出口规模居首，出口额达到2 765亿美元；美国对中国出口增长21.4%，达1 511亿美元。

中美之间巨大的贸易规模本质上反映了两国产业的高度互补性。美国贸易逆差的扩大，离不开美国对中国商品的依赖。即使美国对来自中国的鞋类、服饰、电子产品、自行车甚至宠物食品等商品提高贸易关税壁垒，但2021年美国国内市场的相关商品依然来自中国，并因此征收了上百亿美元关税。即便美国政府一直谈论重振美国制造业，但美国仍严重依赖中国和其他低成本国家的工厂生产大量消费品，同时，美国限制国内高科技企业产品出口中国，并持续加大对中企的打压，阻断正常经贸行为。尽管中国增加对美国农产品、工业品、能源及服务的进口，但美国限制高科技产品出口，这是美国对中国贸易逆差扩大的重要原因。

【讨论问题】

1.2021年美国主要贸易逆差国有哪些国家？

2.为什么中国对美国的贸易逆差影响较大？

【参考答案】

1.美国最大的单一贸易逆差国是中国，第二大单一贸易逆差国是墨西哥。虽然美国2021年对57个国家和地区的出口也创下纪录，但“进口激增盖过出口反弹”。因此，2021年美国贸易逆差创纪录。

2.美国对来自中国的鞋类、服饰、电子产品、自行车甚至宠物食品等征收了上百亿美元关税，但去年美国许多进口商品仍然来自中国，美国仍严重依赖中国和其他低成本国家的工厂生产大量消费品。中美之间巨大的贸易规模本质上反映了两国产业的高度互补性。尤其是疫情期间，中国作为全球重要生产制造基地，源源不断输出各种制成品和中间品，对世界经济复苏起到重要提振作用，在各国实施财经刺激政策的背景下，对抑制通胀起到重要作用。而美国依然限制高科技产品对华出口，并持续加大对中企的打压，阻断正常经贸行为，这些都不利于中美经贸合作和贸易平衡。同时，尽管中国增加对美国农产品、工业品、能源及服务的进口，但美国限制高科技产品出口，造成美国贸易逆差越来越大。

【思政启示】

中国能够长期保持贸易顺差，原因是什么？中国作为全球第二大经济体，对全球经济发展起到了重要的作用，但反过来也肩负起了责任。中国长期保持贸易顺差，是在提供国内劳动力的基础上，以较低的产品出口价格，为世界消费市场输出品类众多、物美价廉的中间产品和消费商品，给予世界各国特别是发展中国家充足的经济发展空间，为世界经济发展作出重要贡献。

案例 2

无形产品贸易推动中国对外贸易转型

【案例正文】

生产性服务的跨境流动、金融产品的跨国购买、文旅产品的国际市场开发，这些服务交易在对外贸易中，正变得日益频繁。近年来，中国政府相继出台一系列扩大服务业开放的举措，积极推动服务贸易发展，服务贸易已成为中国对外贸易发展的重要引擎之一。与一般货物贸易相比，服务业和服务贸易具有的无形、多样、便捷的特点，影响了中国对外贸易发展路径的转移，也为对外贸易转型与创新创造了新的动力。

随着全球化服务产品交易的快速发展，国际贸易的重心正从货物贸易向服务贸易转移。世界贸易组织（World Trade Organization，WTO）数据显示，2010 年至 2019 年，全球服务贸易年均增长率为 4.8%；服务贸易规模在全球贸易中的比重持续提升，由 2010 年的 20.3% 提高至 2019 年的 23.8%。

从新型冠状病毒感染暴发开始，全球服务贸易获得了更为有利的发展环境，原有的经济结构和增长方式出现了明显变化。虽然商业和服务业受到了暂时影响，但与货物贸易相关的增值性服务、数字化服务等行业呈现良好的发展态势。例如，一般货物贸易对数字化服务、跨境结算、货物保险、数字化物流配送等第三方服务提出了更多需求，也促进了数字平台服务能力在国际贸易中应用的扩大。数字平台具备强大的服务功能，为服务贸易的创新发展节约了成本，提高了效率。在服务贸易创新发展的驱动下，中国服务贸易继续保持快速增长态势。其主要原因在于，首先，中国政府出台的一系列开放政策为服务贸易发展增添了新动力，特别是稳步推进全面深化服务贸易创新发展试点，陆续推出支持特色服务出口基地高质量发展的政策措施，出台海南自由贸易港跨境服务贸易负面清单等措施，既推动了优势服务出口，又扩大了优质服务进口。其次，疫情期间政府的有效防控政策使得服务业稳定恢复，这为服务贸易发展提供有力支撑。最后，市场服务数字化发展迅速，为服务贸易发展提供了新平台、新动力。

【讨论问题】

1. 与货物贸易相比，服务贸易具有哪些特点？

2. 服务贸易如何推动贸易转型？

【参考答案】

1. 与货物贸易相比，服务业和服务贸易具有无形、多样、便捷的特点。

2. 首先，中国政府出台的一系列开放政策为服务贸易发展增添了新动力，特别是稳步推进全面深化服务贸易创新发展试点，陆续推出支持特色服务出口基地高质量发展的政策措施，出台海南自由贸易港跨境服务贸易负面清单等措施，既推动了优势服务出口，又扩大了优质服务进口。其次，疫情期间政府的有效防控政策使得服务业稳定恢复，这为服务贸易发展提供有力支撑。最后，市场服务数字化发展迅速，为服务贸易发展提供了新平台、新动力。

1.1.2 国际贸易发展的因素

案例

工业革命影响国际分工

【案例正文】

从英国发明并推广使用蒸汽机开始，全球先后经历了四次工业革命，每一次工业革命都推动了全球范围的产业大转移和经贸格局的洗牌。

18世纪60年代，随着蒸汽机的发明和大规模使用，英国实现了机械化生产，第一次工业革命爆发，英国一跃成为世界工厂。蒸汽动力应用于远洋运输领域，使得发达国家与非发达国家间能进行制成品和原材料的交换，导致国际分工和贸易发生巨大变化，国际贸易模式表现为产业间贸易。

19世纪70年代，随着电力和内燃机的使用，美国进入电气时代，实现了标准化大规模生产，第二次工业革命爆发，英国的全球经济霸主地位被美国取代。受益于电力及内燃机的使用，美国企业生产效率大幅提升，使得国内要素和商品市场饱和，生产成本上升，需要进行对外扩张。此时，跨国公司主导的对外投资便成为了国际生产分工和贸易的主驱动力，以价值链为基础的产业内贸易成为国际贸易的主要模式。20世纪40年代至50年代的第三次工业革命，美国在原子能、电子计算机等领域取得重大突破，实现了自动化生产。在跨国公司主导的全球价值链分工体系的背景下，赫克歇尔和俄林的要素禀赋理论、波特的价值链理论成为了当时国际贸易模式的主要支撑理论。

第二次世界大战后，美国产业大规模向日本和德国转移，推动了日本和德国迅速发展为工业化国家。先发国家在20世纪80年代开始大力发展高新技术、信息技术产业等，计算机、手机、互联网等被广泛使用，全球步入信息时代。世界得以互联互通，跨境电商的出现改变了全球价值链上企业间的互动模式，减少了“搜寻-匹配”环节和成本，服务的生产和消费也可以分离，逐渐成为重要的贸易内容，产业内和企业内贸易成为国际生产分工和贸易的主要形式。进入21世纪初，全球智能时代到来，人工智能已经渗透到各行业、各层级的产业模块，深刻地改变了生产、消费、流通各环节，链条式分工模式转向蛛网形态，全球国际分工和经贸格局迎来大调整。

当前，中国正面临产业高低两端的全球激烈竞争，发达国家推动高端制造业回流，以期抢占新一轮工业革命的制高点；发展中国家积极吸引外资，争取成为中低端制造环节的主要流入地。与此同时，外部发展环境的不确定性叠加科技革命的内在影响，使得中国在国际分工格局中遭遇了巨大挑战。中国应该如何发挥现有优势，积极应对新一轮工业革命对中国国际分工格局的冲击。

【讨论问题】

不同时代的国际分工导致哪种国际贸易模式？

【参考答案】

第一，蒸汽时代，使得远洋运输得以实现，发达国家与不发达国家间进行着制成品和原材料的交换，国家间分工形式主要为产业间贸易。第二，电气时代，跨国公司主导的对外投资成为国际生产分工的主驱动力，基于价值链的产业内贸易成为国际分工的主要方式。第三，信息时代，跨境电商改变了全球价值链上企业间的互动模式，产业内和企业内贸易成为国际生产分工的主要形式。第四，智能时代，人工智能已经渗透到各行业、各层级的产业模块，深刻地改变了生产、消费、流通各环节，链条式分工模式转向蛛网形态，全球国际分工和经贸格局将迎来大调整。

1.2　资本主义社会以前的国际贸易

案例

从原始社会到封建社会的国际贸易

【案例正文】

原始社会后期，随着社会分工的出现，个别地区有了部落之间的产品交换。私有制出现后，奴隶社会产生，国家开始形成，部分产品作为商品在国与国之间进行交换，出现了国际商品交换的萌芽，对外贸易开始出现。

到了奴隶社会和封建社会，由于生产力水平低，社会分工不发达，自然经济占据统治地位。因此，此时的对外贸易发展缓慢，国际商品交换只是局部现象，真正的世界市场仍未出现。14 世纪至 15 世纪，西欧出现了资本主义生产关系的萌芽，意大利北部的威尼斯、热那亚、佛罗伦萨等城市以及波罗的海和北海沿岸城市，都已成为欧洲的贸易中心。15世纪末16世纪初，随着资本主义生产关系的发展、地理大发现以及海外殖民地的开拓，对外贸易的范围不断扩大，逐渐形成了区域性的国际商品市场。

18世纪60年代到19世纪60年代，蒸汽机的发明使得英国及其他欧洲先进国家相继完成了产业革命，资本主义生产从手工业过渡到机器大工业，并形成以机器大工业为中心的国际分工体系。同时，机械工业提供了先进的交通和通信工具，把世界联结成一个整体，极大促进了国际交换的发展。

【讨论问题】

1.为什么国际贸易会产生？

2.资本主义社会以前的国际贸易如何演变？

【参考答案】

1.社会分工使得个别地区部落之间剩余产品出现并进行交换。在私有制出现，国家形成之后，部分产品作为商品在国与国之间进行交换，出现了国际商品交换的萌芽，对外贸易开始出现。

2.奴隶社会和封建社会的社会分工不发达，国际商品交换只是局部现象。15世纪末16世纪初，随着资本主义生产关系的发展、地理大发现及海外殖民地的开拓，对外贸易的范围不断扩大，逐渐形成了区域性的国际商品市场。第一次产业革命后，资本主义生产过渡到机器大工业，形成了一种同机器大工业中心相适宜的国际分工体系，机器大工业提供了现代化的交通、通信工具，把世界联结成一个整体，极大促进了国际交换的发展。

1.3 第二次世界大战前的国际贸易

案例

第二次世界大战以前苏联与日本的双边贸易

【案例正文】

1925年，苏联和日本缔结了《日苏基本条约》，其中第四条规定，两个国家应该尽快签订通商海运条约，并保证：第一，保护旅行和居住的自由，保护人身和财产的安全；第二，互相给予对方，自由经营私有财产和海运业务的权利；第三，不设置妨碍经济交流的限制，不征收有差别的税金和罚金，不设置贸易障碍。

缔结通商海运条约经过多次协商，于1941年6月达成协议并草签了协定。但是，协定草签几天之后爆发了苏德战争，导致协定无法生效。因此，第二次世界大战以前的苏联和日本双边贸易，是在没有通商海运条约的情况下进行的。

但这并不影响苏联和日本的双边贸易发展。据日本海关统计，1930年的日苏贸易额最高，进出口总额达6.8万日元，占当年日本出口额的1.9%，进口额的25%。这个比重与日本1979年对苏进出口比重大体相当。贸易仍以日本与苏联远东和西伯利亚地区为主，占双方贸易额的94%。这主要是因为，日本在苏联的远东地区拥有若干专利权或特权，支撑着双边贸易发展。譬如，1925年的北桦太石油煤炭协定和1927年的采伐森林协定，保证了日本从苏联进口石油、煤炭和木材的供应；1935年苏联出让中东铁路的协定，苏联被迫出让中东铁路是当时一笔大交易，价值是9.33万日元，以进口日本物资来偿还。再者，当时两国进出口商品互补性较强。例如1934年至1936年，日本向苏联出口商品是茶叶、渔网、船舶麻线绳、钢线、水泥、毛织品、内燃机、电动机等，苏联向日本出口的主要商品是沥青、锰、木材、白金、石油、石棉、钾盐、铣铁和染料等，可见双方商品贸易具备较强的互补性。

即便第二次世界大战正式打响，苏联和日本是两个敌对集团的主要成员国，都在对各自的盟国作战，但双边贸易往来一直持续到日本投降前的一年。这说明政治上的分歧，往往迁就于经济和贸易上的相互需求。这种现象在当今世界屡见不鲜。

【讨论问题】

1.第二次世界大战以前日苏的贸易往来具有什么特点？

2.第二次世界大战打响后日苏贸易往来为何会持续？

【参考答案】

1.第一，缔结了《日苏基本条约》，并规定尽快签订通商海运条约，但最后经过多次协商都没有成功。第二，日本在苏联的远东地区拥有若干专利权或特权，这些专利权或特权支撑着双方的贸易发展。第三，双方的进出口商品互补性较强，如1934年至1936年间，日本向苏联出口商品是茶叶、渔网、船舶麻线绳、钢线、水泥、毛织品、内燃机、电动机等，苏联向日本出口的主要商品是沥青、锰、木材、白金、石油、石棉、钾盐、铣铁和染料等。

2.日本和苏联的贸易互补性较强，因此迁就于经济上的相互需求，即使第二次世界大战导致政治上的分歧，但经济利益使得贸易上的互利具有顽强生命力。

1.4 第二次世界大战后的国际贸易

案例

是谁破坏了战后国际贸易体系？

【案例正文】

作为世界贸易组织的前身，关贸总协定于1947年10月30日在日内瓦签订，并于1948年1月1日开始临时运用。1995年1月1日，世界贸易组织正式代替关贸总协定开始运作，维持第二次世界大战以后的国际贸易新秩序。

2001年12月11日，中国正式加入世界贸易组织。中国加入世界贸易组织后，遵守世界贸易组织的各项规定，尊重世界贸易组织的裁决，在世界贸易组织的框架之内崛起，这直接损害了美国的利益。美国为了自身的政治及经贸利益，认为中国利用了世界贸易组织规则的空子发展起来，因此要求修改规则限制中国。

同时，美国常常对世界贸易组织的裁决不尊重、不执行。特别是特朗普上台后，干脆绕过世界贸易组织的规则，直接用美国的国内法向中国3 500亿美元输美商品征收高额关税。拜登反对特朗普打贸易战，但他上台后却迟迟不纠正特朗普的错误，至今不取消美国对华加征的关税。中国在世界贸易组织规则的框架下，不得不作出了对等的贸易反制措施。是谁破坏了第二次世界大战以来的国际贸易秩序，这值得我们反思？

【讨论问题】

中国与美国在第二次世界大战以后对待国际贸易体系的区别在哪？

【参考答案】

世界贸易组织是维护国际贸易秩序的重要组织。中国加入世界贸易组织以后，遵守各项规定和裁决，在世界贸易组织的框架之内崛起，并在世界贸易组织规则的框架下行事。但是美国为了自身的政治及经贸利益，对世界贸易组织的裁决不尊重、不执行，并要求修改规则限制中国，迫使世界贸易组织规则成为美国限制其他国家崛起的工具。

综合案例：全球贸易与世界经济的发展

【案例正文】

1.15世纪至18世纪的欧洲贸易变化

胡椒作为一种再平常不过的香料，在15世纪引发了世界贸易新格局。香料是当时欧洲人制作食物的重要材料，由于当时没有冰箱，保存食物的方法主要是依赖香料腌制，欧洲人习惯在入冬前大量宰杀牲口，并使用香料将其制成火腿等腌制品以便保存。然而，当奥斯曼帝国运用强大的军队实力控制了东西方的陆上交通后，从东方到西方的香料贸易被阻断了。失去香料使得肉类不能长久存放，香料在欧洲市场的价格屡创新高，这导致欧洲国家开始绕开奥斯曼土耳其帝国版图，寻求打破香料贸易困境的出路。

与此同时，欧洲正处于早期重商主义时期，无论是王公贵族还是普通百姓，都将黄金白银看成是衡量财富的唯一标准，一个国家的财富与金银拥有量直接挂钩。除了开采国内的金矿和银矿之外，获取金银的手段只能靠对外贸易。然而，欧洲各国都在重商主义思想的影响下实行“奖出限入”的贸易保护政策，一方面积极鼓励商品出口赚取金银，另一方面大力限制进口防止金银流出，这导致了整个欧洲贸易壁垒重重。

为了获得香料和金银财富，欧洲各国尝试开辟新的商业贸易路径。此时，《马可·波罗游记》成了欧洲的商业指南。书中记录了马可·波罗在中国、印度所看到的无穷无尽的黄金、白银和香料，以及巨大的商业城市和华丽的宫殿建筑。葡萄牙王子恩里克因此启动了征服大海的行程，越过好望角，经过非洲再向东，寻求新的航路到达亚洲，从而和印度进行贸易。

在大航海时代，海洋军事实力决定了贸易当中的获利者。一个国家的海洋军事实力强盛，便能够控制世界海洋，控制世界贸易，控制世界财富。在海洋武力的支持下，葡萄牙在每一个贸易据点都与当地的统治者签订了对葡萄牙极为有利的贸易协议，甚至会专门派出军舰掠夺阿拉伯商船，破坏欧洲其他国家与东方的贸易，从而控制世界香料和金银的流向。在强大的海洋军事实力下，葡萄牙垄断了半个地球的商船航线，成为当时的海上贸易第一强国。

葡萄牙依靠海上贸易暴富，使得欧洲其他国家也希望开拓海上贸易发展本国经济。然而，从欧洲途经非洲再到亚洲的航线早已被葡萄牙垄断，如果想到东方去，必须要找到新的航海路径。此时，西班牙女王伊莎贝拉委派哥伦布，组建船队向西航行，希望从另一个方向到达东方，但西班牙船队首先到达的是美洲。西班牙船队在美洲勘查后，发现当地有庞大的黄金存量。最后，西班牙通过掠夺美洲的黄金和白银变得极其富裕。

在葡萄牙和西班牙的北方，英国在1688年爆发了光荣革命，资产阶级确立了世界上第一个君主立宪政体，议会及政府掌握了治理国家的权力，使得这个国家爆发出前所未有的生产力和创造力。自从瓦特发明了蒸汽机，几乎所有的英国人都在琢磨怎么能够生产出更多更好的商品，赚取更高的利润，这导致了英国工业革命的发生。工业革命使得英国纺织生产力增强，但渐渐地带来了另一个问题：工业革命让英国的纺织生产力很快严重过剩，当时的英国人口不到2000万，生产这么多的布料、衣服卖给谁呢？英国经济学家亚当·斯密开始全面反思重商主义的贸易保护政策，指出欧洲国家可以继续通过贸易保护主义、征服其他领地以及保持独有的垄断地位来赚取金银财富。但是反过来，如果选择自由贸易，可以让其他欧洲国家甚至是殖民地能够购买英国严重过剩的纺织品，从而解决英国纺织生产力过剩的问题。由于英国纺织品贸易实行自由贸易政策，欧洲纺织品基本都是由英国供给，这在一定程度上决定了英国与法国军事战争的胜利者。

1815年，英国打赢了震惊世界的拿破仑战争。这场战争的胜利使欧洲各国更加深刻地理解了亚当·斯密自由贸易理论对英国的贡献。当时的评价认为：战争的胜利不仅是大不列颠军队的胜利，也是市场经济的胜利。当时法国采取严格的封锁措施，但无法阻挡英国的产品涌入法国市场。这使得当法国军队与英国面对面作战时，法国人身上穿的军服是来自英国的纺织品。与此同时，在战争中，英国为欧洲反法同盟国提供了军服、枪炮和其他产品，这意味着整个欧洲都是英国产品的消费者。因此，在战争时期，英国通过出口战争用品而获得大量的财政收入，逐步建立起了强劲的生活和军事工业；在战争结束后，英国便成为了当时世界上经济实力无与伦比的产业大国。

2.“亚洲四小龙”的崛起

亚当·斯密在《国富论》中提出一个著名的算术题：假如英国生产每吨生铁需要50个劳动日，比法国少50个劳动日，而生产每吨小麦需要100个劳动日，比法国多50个劳动日。那么两国各花150个劳动日，一共能生产2吨生铁和2吨小麦；但如果根据各自的优势，英国专门生产生铁，法国专门生产小麦，同样各花150个劳动日，两国能生产3吨生铁和3吨小麦，产量大大增加了；如果再进行公平交易，英国用50个劳动日生产的1吨生铁交换法国用50个劳动日生产的1吨小麦，那么英国可得到2吨生铁和1吨小麦，比分工前多得到1吨生铁。而法国可得到2吨小麦和1吨生铁，比分工前多得1吨小麦。由此可见，在进行国际分工和自由贸易之后，英法两国的产品产量和国民财富都大大提高了。

在自由贸易理论的支持下，21世纪一些亲西方的发展中国家和地区实行了以出口为导向的新战略，鼓励本土企业出口，并且支持出口企业大量引进国外资本、进口中间产品和技术专利，同时政府通过金融运作促使本土货币贬值以增加产品国际竞争力。

韩国、新加坡、中国香港和中国台湾作为后来的"亚洲四小龙"，属于资源相对匮乏且人口规模较小的国家和地区，它们无法通过初级产品的出口来实现发展，因此以出口为导向的劳动密集型产业成了它们的最佳选择。而美国、欧洲、日本的贸易战越来越激烈，跨国公司为了降低成本，开始选择贸易环境优良、劳动力便宜的"亚洲四小龙"地区作为它们的加工基地。"亚洲四小龙"通过承接工业化国家的产业转移，不断获得外来的资金和技术，使得它们的贸易量出现了爆炸式的增长。在出口导向的战略下，"亚洲四小龙"迅速成为世界贸易的新生力量。

3.中国的世界工厂角色和国际贸易地位

1997年爆发的亚洲金融危机，导致作为世界工厂的"亚洲四小龙"韩国、新加坡、中国香港和中国台湾在金融危机中遭受严重损失，世界工厂的角色难以为继。然而，欧美市场在亚洲金融危机中并未受太多影响，市场对物美价廉商品的需求依然旺盛，谁来补上世界贸易的加工环节呢？

最终，欧美企业看到了中国大量廉价劳动力以及对国民经济发展的迫切需求，于是借助中国劳动成本优势，把生产线从东亚国家转移到中国，使得中国逐渐形成巨大的生产能力和对外贸易规模。2001年11月10日，世界贸易组织会议主席卡迈勒宣布中国正式成为了世界贸易组织的第143个成员，中国对外贸易由此驶入快车道。2009年，中国出口额12 017亿美元，超过德国成为全球出口"冠军"。

4.美国利用霸权地位对发展中国家进行掠夺

在全球贸易历史上，各个国家总是千方百计地从其他国家获取贸易顺差。但进入20世纪的后半期，美国对贸易顺差的态度却发生了根本转变。从1995年至1999年，美国贸易逆差从1 737亿美元升至3 389亿美元，翻了将近一倍。在小布什任职总统期间，美国的贸易赤字更是连续5年创出新高，2006年达到了7 635.9亿美元的天文数字，占美国当年国内生产总值的比例接近7%。

按照传统的贸易理论，当一个国家出现严重逆差的时候，它的外汇储备会持续减少，本国货币会贬值，从而引发恶性通货膨胀。但长期贸易逆差的美国政府却并不担心高逆差低通胀的现象发生在美国本土，原因就在于美元在全球经济中的霸主地位。美元是全球最重要的贸易结算、外汇交易和外汇储备货币，世界各国对美元的需求几乎是无止境的，顺差国把商品出口到美国，换取美元外汇储备。美国通过印刷美元作为支付货币，大量进口商品，直接导致美国的物价水平在此后的10多年不断下降，通货膨胀率上涨得到遏制。而这一时期的美国国内则大力发展高附加值的工业产品和覆盖全球的金融服务业，使得美国既得到了高增长，同时又避免了通胀。

经济学家斯蒂格利茨提出过一个著名的理论：斯蒂格利茨怪圈。该理论指出，新兴市场国家在以较高的代价从发达国家引进了过剩资本后，又以购买美国国债和证券投资等低收益形式把借来的资本倒流回去，新兴市场付出了劳动、资源和环境破坏的代价，输出了商品和服务，它们得到的仅仅只是发达国家的一张债券。斯蒂格利茨认为，这是经济全球化中金融霸权对发展中国家进行的贸易掠夺。

【案例使用说明】

一、教学目的与用途

本案例适用于国际贸易的产生与发展知识的教学，通过案例讨论，使学生掌握国际贸易的产生原因，对社会生活、经济发展、金融问题乃至军事战争的作用，以使学生充分理解国际贸易对国家发展的重要性。

二、讨论思考题

通过阅读、分析和讨论本案例资料，帮助学生思考和掌握下列具体问题：

1.为什么15世纪欧洲香料贸易如此重要？

2.英国工业革命导致的生产剩余应该如何解决？

3.从贸易角度看，为什么拿破仑战争战胜方是英国？

4.“亚洲四小龙”崛起的贸易支撑条件是什么？

5.美国贸易长期高逆差为什么没有导致高通货膨胀？

三、分析思路

本案例的概念难度、分析难度和陈述难度均适中，适用对象包括国际贸易和国际商务专业的本科生。对于缺乏专业基础理论知识的本科生，可以根据教学大纲，有选择地引导阅读案例相关材料；对于缺乏实践经验的本科生，可以引导其将所掌握的理论知识运用于本案例中每一个具体问题的分析，对案例中争论的焦点问题，作出自己的是非判断，锻炼其解决实际问题的能力。

四、思政启示

从15世纪起，中国通过“一带一路”通道将香料运送至欧洲，解决了欧洲人吃的问题，也为欧洲国家的稳定发展作出了贡献。今天，习近平总书记提出的“一带一路”倡议，旨在借用古代丝绸之路的历史符号，高举和平发展的旗帜，积极发展与共建国家的经济合作伙伴关系，打造全球命运共同体，彰显大国责任。

第2章 国际贸易理论

开篇案例

【案例正文】

2001年11月10日，中国加入世界贸易组织议定书在多哈正式签署，这标志着中国结束了历经15年从“复关”到“入世”的漫长谈判，正式加入了世界贸易组织。

加入世界贸易组织后，中国纺织产业获得了重大发展，不仅解决了大量的劳动力就业问题，纺织品和服装的大量出口还成为了中国出口创汇的重要来源。加入世界贸易组织初期，中国凭借低廉的劳动力成本以及外商投资优惠政策，吸引了大量的外商直接投资进入中国，推动了全球纺织产业向中国转移和集聚，促进了中国纺织产业的快速发展，带动了中国国民经济的快速增长和人民收入的有效增加。然而，当中国经济规模上升到一个新台阶后，中国纺织产业的发展开始面临挑战和困难，中国纺织产业向东南亚逐步转移的趋势较为明显。一方面，中国人口老龄化加速，有效劳动力减少，劳动力价格随着国民经济的增长而上涨；另一方面，中国与美国的贸易摩擦使得中国的海外订单有所流失，部分海外客户倾向于选择东南亚国家纺织企业生产的产品，进而有助于规避贸易摩擦风险。从加入世界贸易组织初期全球纺织产业转移至中国，到当前中国纺织产业逐渐向东南亚国家转移，这一过程的决定性因素是什么？实际上，早有经济学家作出预判，中国纺织产业将向东南亚转移，那么，经济学家的判断依据是什么？这些问题都能够从国际贸易理论中获得答案。

中国加入世界贸易组织后，除了纺织产业快速发展以外，汽车产业也获得重大突破，外资企业通过与中国企业合资的形式，到中国投资设厂，生产汽车并出口到发达国家。中国的汽车生产能力和水平因此获得较大提升，逐步从中国制造，到中国创造，再到中国智造。当然，中国汽车生产能力达到世界级水平后我们发现了一个有趣的现象：中国既生产国产汽车在国内销售，同时也生产品牌汽车出口到国外，另外汽车消费市场还进口国外汽车到国内进行销售。这就形成了中国既出口汽车，又进口汽车的产业内贸易现象。如何解释这一现象？我们可以通过诺贝尔经济学奖得主作出杰出贡献的新国际贸易理论进行解释。

中国加入世界贸易组织，还推动了家具产业的发展，其中广东顺德的家具产业具有一定的代表性。广东顺德家具产业从国外进口优质木材，或从国内挑选优质红木，经过加工和组装后销售至美国及欧洲发达国家。然而，并不是每一家位于广东顺德的家具生产商都能够把产品出口到发达国家。有部分的家具生产商，它们虽然具备优质家具的生产和销售能力，但是家具没有成功开拓海外市场，只能以相对较低的价格在国内销售。更有部分家具生产商，因为经营不善而不得不关门歇业。广东顺德家具生产区域聚集了各种大大小小的家具生产商，集聚效应、模仿效应以及外部规模经济效应十分显著，但是为什么有的生产商能够把家具远销海外，有的生产商却只能在国内市场销售家具，而有的生产商甚至无法经营下去。这些都可以在国际贸易理论中找到答案。

我们把目光转向美国波音公司。美国波音787飞机体型庞大，零件众多，它的生产和组装并不是单纯由一个企业或一个国家完成，而是涉及新的国际分工方式，用现在比较流行的说法，我们称之为全球价值链分工。通过全球价值链分工，波音公司把飞机的零部件外包给世界其他专业的生产厂商，随后把零部件整合后进行组装。一架波音787飞机，它的前机身由美国精灵航空公司生产，中段机身由位于意大利的阿莱尼亚宇航公司生产，后机身由位于美国南卡罗来纳州的波音公司生产，发动机由美国通用电气公司和英国劳斯莱斯公司共同生产，机翼由日本三菱公司生产，翼尖由韩国大韩航空公司生产，翼身整流罩则由波音公司位于加拿大的跨国企业生产，货舱门由瑞典萨博公司生产，乘客登机门由法国拉泰科雷公司生产。我们可以看出，一个产品的零部件，需要通过分布在全球的各个公司进行生产，最终才能够生产出一架波音787飞机。那么，为什么波音公司要如此劳师动众，将零部件的生产分散到世界各个角落？这也是可以通过国际贸易理论解答的问题。

国际贸易理论随着世界经济发展、全球生产分工以及贸易模式的变化而不断被突破和创新，进而用于解释国际贸易发展进程中的新现象、新疑问。但不管世界经贸如何幻变，我们基本都能够从国际贸易理论中寻找到答案，能以国际贸易理论作出判断和预测。

【涉及的问题】

国际分工和贸易产生的原因是什么？在国际经济发展历程中，不同阶段的国际分工和贸易的模式以及形成原因存在什么样的差别？通过对本章国际贸易理论体系的学习，有助于理解国际贸易产生和发展的原因。

2.1　古典国际贸易理论

2.1.1　重商主义的贸易思想

案例 1

重商主义时期英国王室对财富的追求

【案例正文】

《自由大宪章》是英国封建时期的重要宪法性文件，其主要内容是：限制王权，保障封建贵族和教会的特权以及骑士、市民的一些利益，同时保护了商业自由，明确了商人社会地位，为重商主义的萌芽和发展提供了制度基础。

此时，商业经济已有了一定发展，黄金和白银作为货币在市场流通，贵族地位、王室尊荣都与金银货币紧密联系，这导致了对金银货币的追求已经成为国家政策的重要基础。当时，国王查理二世曾与伦敦造币所讨论采取何种措施使英国逃离金银财富减少的财政困境。伦敦造币所认为，在英国没有金银矿山开采，只有从外国输入贵金属这种办法。这意味着，英国要使本国商品出口到外国的总收入高于本国从外国购买商品的总支出，进而使得货币流入多于货币流出，实现国外金银货币持续净流入到英国，从而解决英国财政困境。同时，商业经济的发展与王室财政之间存在密切关系。政府如果遇到大额支出，便会向富人借款，此时商业经济发展程度起到了重要作用，富人数量以及财富规模决定了国王借款的数量。此外，税收政策也是解决王室财政困境的重要途径，人头税是政府获取财政收入的一种重要手段，这与参与商业经济人口数量有关。

英国王室为了增加财富，开始对羊毛出口征收关税和补助金。由于当时品质优良的英国羊毛已大量出口至欧洲大陆，因此英国王室为了增加财政收入，便开始对羊毛出口征收关税。后来在英法百年战争时期，还对羊毛出口征收补助金，从而解决英国王室的庞大军费开支，这也促进了英国经济结构发生重大变化。在英国王室对羊毛征收关税和补助金之前，由于英国生产呢绒的技术粗陋，高级呢绒几乎全部从欧洲大陆进口。但是，在针对羊毛征收出口关税和补助金后，导致英国羊毛出口不断减少，而作为深加工产品的呢绒的出口开始从无到有，并且逐渐增加。其根本原因在于，英国王室对羊毛出口征收关税和补助金后，欧洲其他国家使用羊毛生产呢绒的成本大幅上涨，导致这些国家的呢绒生产技术向英国本土转移，发展和壮大了英国本土的呢绒生产能力。这表明，英国政府颁布了羊毛出口的关税政策后，虽然目的是增加财政收入，但反而促进了英国商业经济从畜牧业转变为工业，这也为后来英国工业革命提供了重要的技术支撑。

【讨论问题】

1.重商主义时期英国采取哪些措施增加国家财政收入？

2.英国从呢绒进口国转变为出口国的政策原因是什么？为什么英国要实施该政策？

【参考答案】

1.重商主义认为只有货币或金银才是真正的财富，一国可以通过出口本国产品从国外获取货币从而使国家变富。为此，重商主义时期英国采取的主要手段如下：第一，使英国从外国购买的商品，在价格上低于外国从英国购买的商品，使金属货币从外国源源不断地净流入英国。第二，如遇大笔货币支出的需求，从巨富之人那里借款。第三，征收人头税。第四，对羊毛出口征收关税和补助金。

2.英国从呢绒进口国转变为出口国的政策原因是英国对出口羊毛征收关税。在英国对出口羊毛征收出口关税以前，一方面，由于英国羊毛的品质优良，早已大量出口至欧洲大陆；另一方面，由于英国生产呢绒的技术粗陋，高级呢绒又几乎全部从欧洲大陆进口。但是，在对出口羊毛征收出口关税以后，作为原材料的羊毛的出口减少了，作为深加工产品的呢绒的出口开始从无到有并且趋势性增加。这是一个采用重商主义保护关税政策使英国经济结构发生重大变迁的重要例子。

英国对出口羊毛征收关税，其根本目的是确保本国财富的增长。一般情况下，英国出口的羊毛价格较低，但进口的呢绒价格较高。因此，英国希望通过对出口羊毛征收关税，提高本国呢绒的生产能力和数量，降低呢绒进口和减少财富流出，进而确保更多的财富留在本国。在英国呢绒出口至国外后，可以换取更多的财富流入本国，从而实现通过呢绒出口追求更多财富的目的。

【思政启示】

对财富的追求应当以正确的发展观为指引。习近平总书记提出“绿水青山就是金山银山”“绿水青山既是自然财富、生态财富，又是社会财富、经济财富”。通过这一发展性指引，我们能够走出一条生产发展、生活富裕、生态良好的文明发展道路，让广大人民群众共享生活富足、生命之美。

案例2

积累金银货币是国家政治经济的重要目标

【案例正文】

财富积累是人类社会发展永恒的话题。《国富论》曾提及：僧人普兰诺·卡皮诺是法国国王派往鞑靼的一个使节，鞑靼人经常问他法国是否有很多牛羊，目的是鞑靼人想知道法国的富裕程度是否值得他们去征服。鞑靼人和其他所有游牧民族一样，牲畜构成了他们的财富，不知道货币的用处。

重商主义时期西班牙人关于财富的观点与鞑靼人类似，只是他们的财富由金银构成，积累金银被认为是致富的途径，只有拥有大量金银货币的商人才被称为富人。同样的，一个国家富裕与否，要看这个国家的金银货币积累数量。从哥伦布发现美洲开始，西班牙人抵达任何一个陌生海岸首先关注附近是否能发现金银，并以此为重要依据来判断当地是否值得殖民或是否值得征服。

但是，当时的金银货币与其他有价动产分别作为财富，是具有本质区别的。其他有价动产容易消耗，由这些动产构成的财富难以长期储存、不大可靠。例如，对于鞑靼人来说，虽然一段时间内会因为牲畜养殖数量庞大而显得富有，但只要牲畜有消耗、自然死亡，第二年就容易出现短缺。如果遭遇自然灾害导致牲畜大批量死亡，鞑靼人的财富就会大幅萎缩。相反，金银货币作为财富显得非常可靠。虽然金银货币在人与人之间交易流动，但只要不流到国外，就难以被消耗。所以，对于欧洲国家来说，金银货币是最可靠、最真实的财富。实施政策手段增加金银货币的积累，成为了每一个早期重商主义国家政治经济的重要目标。

【讨论问题】

1. 西班牙人和鞑靼人的财富观念有何区别？

2. 为什么金银是动产中最稳固的？

【参考答案】

1. 西班牙人认为财富是金银货币，积累金银被认为是致富的捷径。鞑靼人作为游牧民族，不知道货币的用处，在他们看来，财富由牲畜构成。

2. 金银以外的其他动产非常容易消耗，某段时间大量持有这些动产的国家，只是出于自己的消耗或遭遇灾害，随后就可能出现极度短缺的情况。相反，货币则是可靠的财富，只要不流到国外，就不大可能被消耗。所以，金银是一国动产中最稳固、最真实的财富。

案例 3

金银出口禁令

【案例正文】

重商主义把金银货币看成是唯一财富的观点，导致了欧洲国家在早期重商主义阶段对金银的国际流通实施了苛刻的禁令管制：禁止出口金银，或对金银出口征收重税。但是，由于金银具有价值大、体积小的特点，商人容易通过各种渠道走私到国外，换取更大的收益。因此，金银出口的严格管制难以达到预期效果，反而增加了打击走私的成本。

到了后期重商主义阶段，以托马斯·孟为代表的英国商人，提出国家应把管控重点从货币管控转为货物管控，从而有效防止金银货币的走私出口，同时能够获得金银财富的增加。当一个国家货物出口总价值大于进口总价值时，外国就欠这个国家货物价值的差额，外国必然以金银货币偿还这个国家，从而增加了这个国家金银货币的数量。因此，当一个国家希望增加自己的财富，除了成本较高、成效不明显的金银货币出口禁令以外，还可以通过对货物增加出口、减少进口的方法实现。这使得重商主义思想从早期的货币差额论转向晚期的贸易差额论。

【讨论问题】

1. 早期重商主义对金银货币国际流通的禁令导致了什么后果？为什么？

2. 如何有效防止一国金银走私到国外？为什么？

【参考答案】

1. 导致金银货币走私现象产生。这主要是由于金银具有价值大、体积小的特点，商人比较容易通过各种渠道走私到国外，换取更大的收益。

2. 提出国家应把管控重点从货币管控转为货物管控。从货物贸易的角度看，当一个国家货物出口总价值大于进口总价值时，外国就欠这个国家货物价值的差额，外国必然以金银货币偿还这个国家，从而增加了这个国家金银货币的数量。在这种情况下，取消金银货币的国际流通可以让金银货币出口走私消失，同时能够获得金银财富的增加。

2.1.2 绝对优势理论

案例

分工和贸易对商品市场发展的重要性

【案例正文】

每个人都会按照他的特长进行分工。在狩猎时代，一个人比其他人能更熟练、更高效地制造弓箭，那么他将专业化从事制造弓箭的工作，并将大量制作的弓箭与其他同伴交换食物，用于满足生存需求。最后，他发现利用这种方式得到的食物，比他自己狩猎获得的食物还多，出于对自身利益的考虑，制造弓箭成了他的主要营生。另一个人擅长搭建房子，他使用这种本领为其他人提供房子搭建的服务，而其他人用食物回报他。最终他发现，专门从事搭建房子的工作，可以获得比自己生产更多的食物。同样的，第三个人变成了铁匠，第四个人变成了木工；第五个人变成了裁缝。最终，每个人都从事专业化生产工作，并生产出更多的产品。对于自己消费不了的剩余产品，便会与其他人进行交换，从而获得自己所需要的其他人的剩余产品。这鼓励了每一个人从事一种专门的职业，以及培养从事这一职业的能力。

每个人专业化分工成熟以后，整个游牧部落的产品将出现满足部落消费以外的产品剩余。为了避免浪费，以及获得更多部落内部无法生产或生产质量不高的产品，游牧部落可以用于与外界进行交换。起初，游牧部落产品的运输方式主要为陆路运输，通过宽轮运货马车运送他们的剩余产品到其他部落，与之进行交换。但这种运输方式存在以下两个缺点：一是运货使用的马，需要食物，需要时间休息，因此运输成本较高；二是每辆运货马车能够装载的货物数量有限。

后来，某些部落发现通过水运能够提供更加便利的运输，运输距离更长，此时水路运输的优势比陆路运输更为明显，运输成本更低，货物运载量更大。由于水路运输的优势，因此最初使用陆路运输的部落开始转向水路运输，部落随之将居住点建立在通航河流的两岸，从而把剩余产品通过水路运往其他地方进行交易。这导致地区内部和地区之间的分工可以更加明确，剩余产品交换的种类和数量更多，交换的市场范围更广阔，进而促进了社会的分工与贸易。

【讨论问题】

1.狩猎或游牧部落分工的依据及收益各是什么？

2.为什么水运能够促进社会的分工与贸易？

【参考答案】

1.狩猎或游牧部落分工的依据：每个人都从事他最为擅长的工作。狩猎或游牧部落的其中一人比任何其他人能更快、更熟练地制造弓箭，他就制造弓箭。他频繁地用弓箭和他的同伴交换牲畜和鹿肉。他最终发现，用这种方式得到的牲畜和鹿肉，比他自己到野地里捕到的还多。因此，出于对他自身利益的关切，制造弓箭成了他的主要营生，他成为一个专门制造武器的人。另一个人擅长制造小茅屋或移动房屋的框架和屋顶，他习惯于用这种方式为他的邻居们服务，邻居们也按照同样的方式，用牲畜和鹿肉回报他。最终他发现，一心一意地从事这种职业，成为一个造房木匠，对自己有利。按照同样的方式，第三个人变成了铁匠或铜匠，第四个人变成了毛皮或皮革的硝皮人或鞣革人，毛皮或皮革是狩猎或游牧部落衣着的主要组成部分。

狩猎或游牧部落分工的收益：由于能把自己劳动产品中自己消费不了的所有剩余部分去交换自己所需要的他人劳动产品的剩余部分，这就鼓励了每一个人从事一种专门的职业，并培养和完善他可能具有的从事这一职业的才能或天赋。

2.通过水运能够提供更加便利的运输，开辟更加广阔的市场。此时水路运输的优势比陆路运输更为明显：运输成本更低，货物运载量更大。由于水路运输的优势，因此最初使用陆路运输的部落开始转向水路运输，将居住点建立在海岸或通航河流的两岸，并把剩余产品通过水路运往其他地方进行交易。这导致地区内部和地区之间的分工可以更加明确，剩余产品交换的种类和数量更多，交换的市场范围更广阔，进而促进了社会的分工与贸易。

2.1.3 比较优势理论

案例

姚明应该自己烹饪沪菜吗?

【案例正文】

姚明是一名优秀的篮球运动员，曾经是美国NBA中最优秀的中锋之一，他的身高占据绝对优势，投篮技术比大部分中锋都要好。NBA评价他称："站在2米26的高度，他几乎以一举之力改变了NBA只在一个国度风靡的局面，推动了NBA至关重要的全球化发展。"但与此同时，作为上海人，他很可能在烹饪沪菜上也具有独门技巧，烹饪出来的沪菜色香味俱全。但是，他的沪菜厨艺较佳，就意味着他应该自己煮饭吗?

如果我们从经济学的角度去思考和回答这个问题的话，可以使用机会成本和比较优势的概念。譬如，姚明烹饪一顿沪菜需要使用1个小时。在相同的时间内，他能够练习投篮300次，为比赛胜利作出更大贡献；又或者，他能够接拍一部公益广告，为社会道德和思想教育作出贡献。与姚明相比，他母亲烹饪一顿沪菜所需要的时间需要2个小时，当然他母亲也可以使用这2个小时去为小区做志愿者服务。

在这个例子中，烹饪一顿沪菜，姚明的机会成本是贡献比赛胜利或社会公益，而姚明母亲的机会成本是小区志愿者服务。姚明虽然在烹饪沪菜上具有绝对优势，因为他可以花更少的时间完成这件事情。但姚明母亲却在这件事情上具有比较优势，因为她的机会成本相对较低，而且可以选择在其他时间从事小区志愿者服务工作。

因此，按照比较优势分工的好处是显而易见的。姚明不应该烹饪沪菜，而应该去为比赛胜利或社会公益做贡献，同时沪菜烹饪应该由他母亲完成。这会使双方都变得更好。当然，这仅仅是从经济学的角度去考虑家庭分工。

【讨论问题】

为什么姚明不应该自己烹饪沪菜?

【参考答案】

姚明的机会成本是贡献比赛胜利或社会公益，而姚明母亲的机会成本是小区志愿者服务。姚明虽然在烹饪沪菜上具有绝对优势，但姚明母亲却在这件事情上具有比较优势，因为她的机会成本相对较低。因此，姚明不应该烹饪沪菜，而应该去为比赛胜利或社会公益做贡献，同时沪菜烹饪应该由他母亲完成。这会使双方都变得更好。

2.2　新古典国际贸易理论

2.2.1　要素禀赋理论

案例

两国要素禀赋差异对国际分工和贸易的影响

【案例正文】

生产要素禀赋的差异对国际分工产生重要影响。一般情况下，生产某种商品所需要的生产要素基本在每个国家都存在，但我们往往会遇到这种情况：某个国家拥有一种生产要素的数量相对于其他国家要多出许多，而其他生产要素数量则相对较少。譬如，A国与B国都拥有土地、劳动力和资本。两国相比较而言，A国地域辽阔，拥有数量较多的农业土地，但是缺少劳动力、资本，因此单位土地的投入成本更低，A国更加适合生产密集使用土地的产品。相反，B国的劳动力、资本要素数量相对较多，因此在需要大量使用这两类生产要素的产品生产上占有优势。

具体来看，A国的土地较为便宜，但工资较高，更加适合生产那些需要大量土地和少量劳动力的商品，因为生产出来的商品价格相对便宜。譬如生产羊毛，羊群的养殖需要大面积的土地和少量的劳动力，剪羊毛是一个相对简单的过程，因此生产羊毛对于地广人稀的A国来说，生产成本会比B国低许多。而B国正好相反，其劳动力和资本相对较多，在需要投入大量劳动力和资本的工业制成品生产方面更加具有成本优势，其生产出来的工业制成品成本更低，价格更加实惠。因此，在A国和B国商品生产分工和贸易中，A国应该生产价格便宜的羊毛，并且运往B国，再由B国纺织工业将羊毛纺织成价格便宜的呢绒或者服装，运往A国。通过这样一种方式，两个国家之间都可以以比较低的代价，完成所需商品的生产和交换。

【讨论问题】

1.A国和B国的要素禀赋差异导致农产品和工业品的价格产生怎样的区别?

2.A国和B国如何根据要素禀赋差异进行分工和贸易？

【参考答案】

1.A国拥有较多的农用土地，A国更适合生产密集使用土地的产品，此时A国的农产品就会相对便宜，而工业产品则相对较贵。与之相反，B国拥有较多的资本和劳动力，B国生产的工业产品会相对便宜，但农产品价格相对较高。

2.由于A国的农用土地相对丰裕，B国的资本和劳动力相对丰裕。因此，A国应主要生产密集使用农用土地的农产品，而B国应主要生产密集使用资本和劳动力的工业产品。在此情况下，A国可以用农产品交换B国的工业产品，即A国向B国出口农产品，进口工业产品；同理，B国向A国出口工业产品，进口农产品。

2.2.2 要素价格均等化定理

案例

国际贸易竟然使双方相同生产要素价格趋于均等

【案例正文】

在两个地区A和B，只有两种生产要素——土地和劳动力。这两种生产要素在两个地区的数量不一样。A地区有着大量土地和少量劳动力，B地区则刚好相反。这意味着，A地区的土地价格要比B地区便宜，而劳动力价格比B地区高。在这种情况下，按照要素禀赋理论，A地区应该生产土地密集型产品，B地区应该生产劳动密集型产品，并且进行互相交换。这样一来，随着分工的细化，地区之间的商品贸易更加频繁，A地区土地密集型产品的产量不断提升，使得A地区对土地的需求不断增加，但对劳动力的需求减少。如果土地和劳动力供给数量比较稳定，此时A地区的土地价格便会因为需求的增加而上涨，但劳动力价格会下降。同样的道理，对于B地区来说，它的劳动力价格上涨，土地价格会下降。到最后，A地区和B地区的土地价格变化便会出现一个有趣的现象：原来土地价格较低的A地区，其土地价格不断上涨；而原来土地价格较高的B地区，其土地价格不断下降。最终，A地区和B地区的土地价格会越来越接近，甚至最终相等。这种情况也会出现在两个地区的劳动力价格变化上，最终A地区和B地区的劳动力价格会越来越接近。由此可见，两个地区的生产分工、双边贸易的趋势是使生产要素的价格均等，这便出现了“要素价格均等化”的现象。

【讨论问题】

A和B两个地区的劳动力和土地要素禀赋具有较大差异的情况下，双边贸易会导致这两种生产要素价格发生怎样的变化呢？

【参考答案】

按照要素禀赋理论，A地区应该生产土地密集型产品，B地区应该生产劳动密集型产品，并且进行交换。随着分工的细化，地区之间的商品贸易更加频繁，A地区土地密集型产品的产量不断提升，使得A地区对土地的需求不断增加，但对劳动力的需求减少，此时A地区的土地价格上涨，劳动力价格下降。同理，B地区的劳动力价格上涨，土地价格会下降。最终，两个地区的劳动力价格和土地价格越来越接近，甚至最终相等。由此可见，两个地区双边贸易的趋势是使生产要素的价格均等。

2.3　现代国际贸易理论

2.3.1　基于需求不同的贸易理论

案例

两国商品交换的底线

【案例正文】

约翰·穆勒生活在19世纪的英国，这一时期的资本主义正处于工业化发展的黄金时期，为了巩固世界头号工业强国的霸主地位。英国资本主义不断地殖民、剥削和扩张，导致无产阶级与资产阶级矛盾的激化，特别是空想社会主义的兴起冲击着资本主义制度，在无产阶级与资产阶级矛盾日渐世界化的社会背景下，催化了约翰·穆勒“相互需求理论”的产生。

“相互需求理论”用贸易双方商品交换比例的上下限来解释贸易双方获利的范围，用相互需求的程度来解释贸易确定与变化的条件。首先，约翰·穆勒以贸易两国商品交换比例的上下限，来阐述贸易双方的获利范围。商品在不同地区和国家都有相应的交换比例，在世界市场中贸易商品的相互交换会有国际交换比例。如果贸易双方商品交换比例处于贸易双方各自国内的交换比例之间，那么，这种国际贸易就会使贸易双方互利。如果贸易双方商品交换比例低于任何一方国内的交换比例，那么都会造成贸易双方中的一方吃亏，此时的国际贸易将会被无法获利的一方停止。其次，约翰·穆勒认为贸易条件是由贸易双方对商品的需求强度决定的，而贸易条件直接影响贸易利益的分配。

【讨论问题】

两个国家之间的商品交换存在什么条件？

【参考答案】

如果贸易双方商品交换比例处于贸易双方各自国内的交换比例之间，那么这种国际贸易就会使贸易双方互利，两个国家之间开展商品生产的分工和交换。如果贸易双方商品交换比例低于任何一方国内的交换比例，那么都会造成贸易双方中的一方吃亏，此时的国际贸易将会被无法获利的一方停止。同时，两国的需求偏好不同，在进行分工和贸易时，两国都会增加其需求偏好弱的商品的生产，并向对方出口以换取其需求偏好强的商品。

2.3.2 产业内贸易理论

案例

加拿大汽车行业从自给自足向产业内贸易转变

【案例正文】

1964年以前，在加拿大和美国关税保护政策的共同作用下，加拿大成为了一个汽车基本自给自足的国家。加拿大的汽车工业被几个美国大型汽车厂商控制，这些美国厂商发现，在加拿大大量建立分散的生产体系比支付关税要划算。然而，小规模生产造成诸多不利。这是因为，加拿大分散的生产体系使得加拿大工厂不得不生产各种各样不同的产品，以至于工厂不得不经常停产以实现从一个产品生产项目向另一个产品生产项目的转换；不得不持有较多的库存；不得不少采用专业化的机器设备等等。这样，加拿大汽车工业的劳动生产率比美国的要低大约30%。

为了消除这些问题，美国和加拿大政府于1964年建立了一个汽车自由贸易区。汽车自由贸易区的成立促使美国厂商在加拿大各子公司大力削减其产品种类。例如，通用汽车削减了其在加拿大生产的汽车车型的一半。但是，加拿大的总体生产及就业水平并未改变。加拿大一方面从美国进口自己不再生产的汽车车型，另一方面向美国出口加拿大仍生产的车型。这使得加拿大与美国的汽车贸易规模大幅增长，1968年加拿大向美国出口汽车产品24亿美元，从美国进口汽车产品29亿美元，使得加拿大与美国之间的汽车贸易转变为产业内贸易。而在1962年这两个数字分别只有1 600万美元和5.19亿美元。

【讨论问题】

1. 在美国和加拿大建立汽车自由贸易区前后，加拿大汽车生产发生了什么变化？

2. 汽车自由贸易区使得加拿大与美国的汽车贸易发生怎样的转变？

【参考答案】

1. 加拿大的工厂不得不生产各种各样不同的产品，以至于工厂不得不经常停产以实现从一个产品项目向另一个产品项目的转换；不得不持有较多的库存；不得不少采用专业化的机器设备等等。这样，加拿大汽车工业的劳动生产率比美国的要低大约30%。

汽车自由贸易区建立以后，美国厂商在加拿大各子公司大力削减其产品种类，扩大其生产规模。例如，通用汽车削减了其在加拿大生产的汽车车型的一半。这有助于加拿大汽车产业发挥规模效应，提升生产效率。

2. 建立汽车自由贸易区后，加拿大汽车生产的规模效应得以发挥，生产效率有效提升，为其产业内贸易发展提供了充分的条件。1968 年加拿大向美国出口汽车产品 24 亿美元，从美国进口汽车产品 29 亿美元。而在 1962 年这两个数字分别只有 1 600 万美元和 5.19 亿美元。换言之，加拿大的进口和出口均大幅度增长，并形成汽车产品的产业内贸易。

2.3.3　基于动态技术差异的国际贸易理论

案例 1

中国技术从模仿到创新

【案例正文】

中国曾经是一个模仿大国，翻版球鞋、衣服、手提包满足了大量国内消费者对冒牌奢侈品的需求。但近年来，中国“独角兽”迅速崛起，滴滴、小米、美团入选全球最具价值的科技创新企业，微信、支付宝作为第三方支付被广泛使用，网约汽车、共享单车、人工智能深刻影响着国民的生产生活。这一切证明了中国正在步入科技创新的道路，中国已经开始从模仿向创新转变。

国务院于 2015 年印发了《中国制造 2025》，以促进制造业创新发展为主题，推动实现制造业由大变强的历史跨越。2017 年 11 月，印发《国务院办公厅关于创建“中国制造 2025”国家级示范区的通知》，对“中国制造 2025”国家级示范区创建工作进行全面部署。中国从政策层面推动“中国制造”向“中国创造”跨越。在中国从市场模仿到企业创新的发展过程中，可以分为三个阶段：

第一阶段，从低端模仿到市场竞争。加入 WTO 以后，中国凭借劳动成本优势，吸引大型跨国企业的投资，对中国企业产生模仿效应。中国企业开始模仿西方企业的生产工序、产品设计，生产出与之类似的附加值较低的产品，很快就以低成本生产出能够满足社会需求的质量较好的实用型商品，在国内市场上与跨国公司展开竞争。

第二阶段，从出口竞争到打造标准。通过国内市场竞争逐步培养起竞争能力后，中国企业开始将目光转向海外市场，首先以廉价产品的出口建立价格竞争优势。此后，对外贸易企业为了获取更多利润，将视线投向全球标准。然而，中国企业制定的一系列产品标准、生产标准获得国际认可的不多。这促使中国对外贸易企业进入第三阶段。

第三阶段，从生产模仿到技术创新。为了打造国际标准，中国企业将海外市场的发展重心从最初的产品出口占据市场，转向将国内创新应用到海外市场，经常借助收购品牌尤其是欧洲企业进入外国市场，有的中国企业甚至在美欧地区设立研发中心，以创新建立标准。未来中国将会有科技金融、科技健康、虚拟现实、人工智能等创新科技出现，让中国从模仿国转变为创新国。

【讨论问题】

1. 简述中国企业从模仿到创新的发展过程。

2. 中国企业如何加快创新？

【参考答案】

1. 中国企业从模仿到创新分为三个阶段：从低端模仿到市场竞争、从出口竞争到打造标准、从生产模仿到技术创新。

2. 中国企业将国内创新应用到海外市场，经常借助收购品牌尤其是欧洲企业进入外国市场，有的中国企业甚至在美欧地区设立研发中心，以创新建立标准。

案例2

全球纺织产业的四个发展阶段

【案例正文】

全球纺织产业经历了一次又一次的国际转移。根据纺织技术的变化，全球纺织产业的发展历程大致可分为四个阶段。

第一阶段是手工纺织阶段。早在农业社会时期，纺织产业主要以手工生产、家庭纺织作坊的形式存在，在亚洲、非洲、南美洲及欧洲都有纺纱、织布和加工制衣业。中国和印度皆是历史悠久的纺织品生产国，它们的丝绸、棉布等纺织品曾远销世界各地，这些国家是当时世界重要的纺织品生产中心。

第二阶段是机械纺织阶段。英国第一次工业革命使纺织产业进入了机械纺织阶段，纺纱效率得到了很大的提高，纺织工厂的建立使纺织生产从手工作坊过渡到工业化大生产阶段，使得英国成为世界上最早开始纺织工业化生产的国家，也是当时的“世界工厂”和“世界贸易中心”。

第三阶段是现代纺织阶段。第二次世界大战以后至20世纪90年代，现代环锭纺纱机、自动织布机以及非织造技术的发明，使纺织生产有了质的突破，纺织产业进入了高速发展阶段。此时，美国、德国以及日本等发达国家成为了世界纺织大国。

第四阶段是智能纺织阶段。20世纪90年代以来发达国家的纺织产业已经从劳动密集型转向资金技术密集型产业，并逐步向知识智力型产业转变。电子商务系统、快速反应系统和各类纺织产业的专用软件得到大量应用，企业经营方式也从传统的以生产制品为中心转向以满足消费者需求为中心。这一时期，中国、东南亚等发展中国家和地区成为世界纺织品生产的主要地区。

【讨论问题】

从第一次工业革命开始全球纺织技术如何改进？这对纺织业的全球转移产生什么样的影响？哪种理论能够解释纺织业全球转移过程？

【参考答案】

第一次工业革命使纺织产业进入了机械纺织阶段。随着现代环锭纺纱机、自动织布机以及非织造技术的问世，化学纤维的出现和发展使纺织技术不断改进，纺织生产有了质的突破；智能系统诞生后，逐步向知识智力型产业转变。在纺织技术改进过程中，第一次工业革命使得纺织产业从中国、印度等手工纺织国家，转移至英国并进入机械纺织阶段。纺织产业在英国发展和成熟后，在新纺织技术和化学纤维问世后，纺织产业从机械纺织技术创新国英国退出，并转移至美国、德国以及日本等其他发达国家。在纺织技术完全成熟后，纺织产业转移至中国、东南亚等发展中国家和地区。纺织业的全球转移过程基本符合产品生命周期理论。

综合案例：中国高新技术产品贸易特征及内部困境

【案例正文】

1.引言

加入WTO以来，中国高新技术产品贸易规模不断扩大，在全球贸易中的地位日渐突出。然而，中国高新技术产品对外贸易面临严峻的内部困境：自主创新不足，主要表现为基础研究不足导致缺乏原始创新产品，核心产品供给能力薄弱导致产业链控制能力不强，高新技术产品陷入价值链“低端锁定”困境等。

2.中国高新技术产品贸易特征

（1）贸易规模稳步增长

加入WTO以来，中国顺应经济全球化发展潮流，引导企业参与国际分工，积极融入全球产业链和供应链，外贸发展取得喜人的成绩。根据海关总署的统计数据，2000年至2020年，中国高新技术产品贸易总额从895.45亿美元增长到14 646.74亿美元，年均增长16.11%，高新技术产品出口额与进口额分别占出口总额与进口总额比重也持续稳步上升。这在一定程度上反映了中国高新技术产业融入全球产业链的程度不断加深，中国与世界各国高新技术产业合作趋势不断加强，中国稳外资外贸、高新技术领域产业链与供应链取得了阶段性成果，并为全球高新技术产品贸易贡献了中国力量。

（2）东部地区集聚效应显著

中国高新技术产品贸易呈现出较强的地理集聚特征。2018年东部地区出口占比降至75%，西部地区占比上升至14.3%，出口地区分布极不均衡。2018年广东和江苏在高新技术产品出口方面继续表现出极强优势。但是，位于中西部地区的河南、四川和重庆出口后发优势不断显现。进口表现出同样的集聚特征。究其原因，东部沿海地区集聚了中国大部分高新技术企业，但大多从事附加值低、替代性强的加工装配等劳动密集型产业，对生产成本极其敏感。近年来，由于长三角与珠三角地区工资、地租、燃料、水电等要素价格不断上涨，迫使一部分高新技术企业选择将生产线转移至生产要素价格较低的四川、陕西、重庆等西部地区。

（3）产品贸易结构差异明显

中国高新技术产品出口一直保持着以计算机与通信技术、电子技术为主导的贸易格局。2020年计算机与通信技术出口额为4 900.0亿美元。电子技术出口位居第二，2020年出口额为1 856.5亿美元。从进口结构看，同样是电子技术、计算机与通信技术位居第一和第二。2020年电子技术进口额为3 996.8亿美元，占进口总额的58.3%；计算机与通信技术进口额为1 225.1亿美元。这表明，中国高新技术产品的进出口贸易产品结构不平衡，在核心产品和关键零部件等新兴领域，特别是在芯片、操作系统、医疗器械、航空发动机、汽车发动机和高端数码相机等高科技产品上高度依赖进口。中国芯片自给率大约在30%左右，70%依赖进口，面临严重的“卡脖子”问题。

（4）发达国家和地区为主要贸易伙伴

中国高新技术产品对外贸易呈现出“东进西出”的进出口格局。进出口集中在中国香港、美国、欧盟等发达国家和地区。计算机与通信技术、电子技术主要出口地为美国、中国香港和欧盟等地区；航空航天技术则主要从美国和欧盟等地区进口。

（5）贸易方式以加工贸易为主

中国积极发展进料加工和来料加工装配贸易推动外向型经济发展。2002年至

2020年中国高新技术产品出口加工贸易平均占比为74.2%。以加工贸易为主的高新技术产品出口方式，也正是中国过去几十年通过“两头在外”和“大进大出”方式融入国际分工体系的典型特征。随着外贸战略调整与产业结构优化升级，一般贸易方式下的产品竞争力进一步提升，2020年中国高新技术产品出口一般贸易占比达到30.5%。这表明国内有进出口经营权的企业通过自身研究开发、生产制造高科技产品，不断提升高新技术产品对外贸易质量，而不是过去仅仅依赖来料和进料加工装配贸易，只赚取有限的加工费用。中国进入新发展阶段，从“中国制造”向“中国创造”转变，不断迈向全球价值链高端，实现高质量发展。

3. 中国高新技术产品贸易面临的内部困境

（1）自主创新与基础研究不足

创新作为高新技术产品的核心所在，主要体现在产品研发与生产、工艺流程和管理技术等方面。然而，由于中国原始创新和集成创新方面能力薄弱，导致原始创新产品严重欠缺。基础研究是原始创新能力的源头，能够为关键核心技术突破提供理论上的支撑。中国虽然在大数据、5G技术和人工智能等新兴技术领域和信息产业的应用层面达到世界先进水平，但由于原始创新能力不足，在芯片研发制造、软件开发和操作系统等基础研究以及关键核心技术层面与社会发展需求和世界先进水平还有一定差距。

（2）核心产品供给能力存在短板

中国通过引进发达国家先进设备、核心技术和管理经验，实现高新技术产业的跨越式发展，逐步建立起完整的现代工业体系。但是，过度依赖外国技术与产品，导致国内研发与生产能力不足，像芯片、航空发动机和新材料等一些高精尖产品和关键零部件，国内自主研发设计与生产的此类产品处于严重短缺状态。中国核心产品供给能力短板问题和产业链、供应链安全稳定问题，可能将中国高新技术产业阻滞在价值链下游，成为制约高新技术产品内部畅通运行的堵点。

（3）高新技术产品陷入价值链“低端锁定”尴尬境地

中国出口的高新技术产品是已经进入标准化生产并且附加值较低的计算机与通信技术领域的产品，而进口的是高附加值的电子技术、计算机集成制造技术、航空航天技术、光电技术和生物技术等新兴领域的产品。此外，中国核心技术产品的进口依赖导致企业自主创新能力不足，在全球价值链中通过加工装配获取低附加值，价值链“低端锁定”问题比较严重。中国处于附加值较低、无法掌控核心技术的中下游环节，对美国等发达国家技术依赖程度高，一些核心技术受制于人，未来核心技术领域研发能力有待进一步提升。

【案例使用说明】

一、教学目的与用途

本案例适用于国际贸易理论的综合教学，通过案例讨论，使学生接触国际贸易产生和发展的关键性因素，为学生充分理解国际贸易理论打下基础。

二、讨论思考题

通过阅读、分析和讨论本案例资料，帮助学生思考和掌握下列具体问题：

1.2020年中国高新技术产品的进口额和出口额分别是多少？具有什么样的特点？

2.为什么中国高新技术产品贸易在西部地区具有后发优势？

3.中国高新技术产品对外贸易地理方向有什么特点？

4.中国高新技术产品对外贸易方式有何变化特征？

5.中国高新技术产品贸易面临哪些内部困境？

三、分析思路

本案例的概念难度、分析难度和陈述难度均适中，适用对象包括国际贸易和国际商务专业的本科生。对于缺乏专业基础理论知识的本科生，可以根据教学大纲，有选择地引导阅读案例相关材料；对于缺乏实践经验的本科生，可以引导其将所掌握的理论知识运用于本案例中每一个具体问题的分析，对案例中争论的焦点问题，作出自己的是非判断，锻炼其解决实际问题的能力。

四、思政启示

习近平在党的二十大报告中强调，必须坚持科技是第一生产力、人才是第一资源、创新是第一动力，深入实施科教兴国战略、人才强国战略、创新驱动发展战略，开辟发展新领域新赛道，不断塑造发展新动能新优势。为国家谋发展，为人民谋福利。

第3章　国际价值与国际市场价格

开篇案例

【案例正文】

马克思主义政治经济学剖析了国际商品分工和交换的经济关系。在国际贸易中，一个国家商品的个别价值成为了国别价值。国际价值是各国在世界市场的商品交换中形成的，正如马克思所说，国际价值量是由“世界劳动的平均单位”决定的。由于世界各个国家劳动生产率不同，有的国家高些，有的国家低些，因此各个国家生产同种单位商品具有不同的国别价值量。国际价值实质上就是世界市场内商品进行交换的市场价值。任何实行市场经济的国家，在进行商品生产和商品交换时，表面上看来是公平的，双方都能得到好处，但由于各国经济发展水平和劳动生产率的差异，劳动生产率高的国家得到的利益更多一些。

在经济全球化背景下，国家之间的经济关系本质上是商品和服务的交换关系，国际经济秩序也就是世界市场的交换秩序。首先，世界市场没有国界的限制，价值规律起作用也没有国界的限制，世界市场上交换双方要按照国际价值量进行等价交换。我们现在要建立的国际经济新秩序就是在国际价值规律基础上的正常的国际商品等价交换秩序。其次，国际价值理论是中国走向贸易强国的指路明灯，中国走向贸易强国的关键是基于科技之上的劳动生产率水平的迅速提高。最后，国际价值理论是国际贸易理论创新的重要指针，我们必须坚持以马克思国际价值理论为指导的理论创新。目前我们特别需要关注的问题应包括：第一，区域价值问题。世界市场中的区域集团化可能使国际价值形成区域价值。第二，价值的国家间转移问题。跨国公司在世界市场中的作用越来越重要，在国家间的价值转移上充当了举足轻重的角色。第三，高科技劳动创造价值的问题。第二次世界大战以来，科学技术发展日新月异，新的劳动形式不断涌现，马克思的劳动价值理论值得重新研究。

【涉及的问题】

在国际贸易中，国际商品交易价格是如何形成的？马克思主义对商品价值形成以及其与商品价格的关系作出了重要的解释，本章将深入学习马克思关于商品国际价值与国际市场价格的关系，同时引申出贸易条件和相互需求原理的知识点，有助于理解国际市场价格变动的根源，以及国家贸易利益的变化。

3.1 马克思主义的国际价值与国际市场价格理论

3.1.1 国际价值与国别价值

案例

新时期国际价值的变化

【案例正文】

随着科技革命的加速，知识经济的到来，科技成为最主要的生产因素，科技因素在国际价值形成中的作用也日益突出，科技劳动在价值创造过程中发挥的作用日益重要，世界市场科学技术含量高的产品比重越来越大，高科技人员的劳动所创造的价值比重也越来越大。

商品国际价值的变动与世界平均科技水平和劳动生产率成反比，与国别科技水平和劳动生产率成正比。在科技革命条件下科技进步拓展了生产要素的内涵，活劳动在物质财富创造中的含量日益减少，创造价值的服务劳动的范围日益扩展。要素种类的扩大与新的组合，改变着作为商品国际价值基础的平均劳动生产率和劳动强度。鉴于高科技劳动在价值形成中有首要、高能、高质、高效、创新等特点，科技工作作为劳动的重要形式，在生产经营中通过提高已有产品的生产效率或发明新的产品，可以创造出巨大的社会财富使全社会的商品价值总量大大增加，所有这些验证了马克思在19世纪所预见的“随着大工业的发展，现实财富的创造较少地取决于劳动时间和已耗费的劳动量，较多地取决于在劳动时间所运用的动因的力量。而这种动因取决于一般的科学水平和技术进步，以及一般的科学技术在生产上的运用。”

与此同时，国际价值的实现方式也进一步多元化。在当今的世界市场上，既存在着传统的营销方式，也存在现代的营销方式。相应的，在价值实现方式上，不仅有货物商品的价值实现方式，而且有服务商品的价值实现方式和信息产品的价值实现方式。尤其需要注意的是，信息化带来的新的生产组织方式，大大方便了企业生产经营业务的开展；信息化带动的网络贸易突破了传统贸易活动中物质、时间、空间对交易双方的限制，创造了一个全新的贸易市场；网络贸易使整个交易过程包括交易磋商、签约、货物交付、货款收付等重要环节都可在全球电信网络上进行；随着互联网的普及和上网人数的剧增，电子商务在全球贸易中所占份额越来越大。从发展趋势看，网络贸易作为新的贸易方式，逐渐成为国际贸易的主导形式；随着信息技术在商业领域的运用，电子商务将大幅度促进国际贸易的发展，同时也将给服务业带来巨变；越来越多的企业在电子商务市场上推销产品和获取利润。

【讨论问题】

1.影响国际价值变动的因素有哪些？

2.新时期国际价值实现方式发生了什么变化？

【参考答案】

1.影响国际价值变动的因素包括平均科技水平和劳动生产率。具体来看，商品国际价值的变动与世界平均科技水平和劳动生产率成反比，与国别科技水平和劳动生产率成正比。在科技革命条件下科技进步拓展了生产要素的内涵，活劳动在物质财富创造中的含量日益减少，创造价值的服务劳动的范围日益扩展。要素种类的扩大与新的组合，改变着作为商品国际价值基础的平均劳动生产率和劳动强度。鉴于高科技劳动在价值形成中有首要、高能、高质、高效、创新等特点，科技工作作为劳动的重要形式，在生产经营中通过提高已有产品的生产效率或发明新的产品，可以创造出巨大的社会财富使全社会的商品价值总量大大增加。

2.国际价值的实现方式进一步多元化。在当今的世界市场上，既存在着传统的营销方式，也存在现代的营销方式。相应的，在价值实现方式上，不仅有货物商品的价值实现方式，而且有服务商品的价值实现方式和信息产品的价值实现方式。尤其需要注意的是，网络贸易在实现商品价值尤其是在实现无须长途运输的服务商品的国际价值方面所起的重要作用构成了信息经济，市场经济有别于自然经济的显著特征。

【思政启示】

习近平总书记指出，只有不断推进科技创新，不断解放和发展社会生产力，不断提高劳动生产率，才能实现经济社会持续健康发展，避免陷入“中等收入陷阱”。这正如案例所说的，科技工作作为劳动的重要形式，在生产经营中通过提高已有产品的生产效率或发明新的产品，可以创造出巨大的社会财富使全社会的商品价值总量大大增加。

3.1.2　国际价值与国际市场价格

案例

国际市场价格离不开国际价值

【案例正文】

国际价值的货币表现就是国际市场价格。国际市场价格是指在国际市场上，具有代表性的商品在国家间交换的价格。它是在自由竞争中随着供求关系变化、围绕国际价值上下波动而自发形成的。在世界市场上，由于贸易条件和形式不同，同一种商品在同一时期会有各种不同的价格。但不是任何一种价格都可以被当作国际市场价格，根据国际贸易实践，凡单独的、经常性的大宗商业性合同价格，用自由外汇支付的进出口成交价格，均可视为国际市场价格。世界市场是由大的贸易集散中心市场和一些附属市场组成的。世界商品交易中心市场形成的价格对其他市场价格的形成起带头作用，如芝加哥商品交易所、纽约商品交易所、泛欧交易所、伦敦金属交易所、郑州商品交易所等市场。交易所是国际贸易的中心市场，交易所商品的价格也是有代表性的国际市场价格。与此同时，国家间的拍卖价格，某些大宗商品的开标价格等，也都被认为是国际市场价格。每一个主要出口国或进口国就是一个主要的出口市场或进口市场，这些市场形成的自由外汇支付的普遍商业合同价格，均为国际市场价格。著名的国际交易会、博览会以及中国进出口商品交易会同样也属于国际市场，在这里成交的价格也是有关商品在当时的国际市场价格。

国际价值是国际市场价格形成的基础，但具体到某一种商品，由于受多种因素的影响，国际市场价格并不直接是国际价值的货币表现，而是在价值规律的作用下，围绕着国际价值上下波动的，但不管它如何偏离价值，最终绝不会离开国际价值这个轴心。

【讨论问题】

1.什么是国际市场价格？

2.国际价值与国际市场价格的关系是什么？

【参考答案】

1.国际市场价格是指在国际市场上，具有代表性的商品在国家间交换的价格。在世界市场上，由于贸易条件和形式不同，同一种商品在同一时期会有各种不同的价格。但不是任何一种价格都可以被当作国际市场价格，根据国际贸易实践，凡单独的、经常性的大宗商业性合同价格，用自由外汇支付的进出口成交价格，均可视为国际市场价格。

2.国际价值是国际市场价格形成的基础，但具体到某一种商品，由于受多种因素的影响，国际市场价格并不直接是国际价值的货币表现，而是在价值规律的作用下，围绕着国际价值下上波动的，但不管它如何偏离国际价值，最终决不会离开国际价值这个轴心。

3.2　贸易条件

案例

中国改革开放近30年以来的贸易条件

【案例正文】

中国的价格贸易条件正不断恶化。改革开放以来，中国一直以扩大出口拉动国内经济的快速增长，其重要方式之一是出口商品价格低于进口商品价格。导致这种现象的重要原因是中国内需严重不足，只能不断鼓励出口释放产能。由于产品质量无法与发达国家相比，因此出口企业在海外市场多采用价格战略赢得销量，销售方式改变甚少。

中国单要素贸易条件的变化明显快于双要素贸易条件的改善。单要素贸易条件快速增长的主要原因是出口部门劳动生产率的不断提高，特别是中国加入WTO以后，单要素贸易条件的增长率达到10%。

中国的收入贸易条件表现相对较佳，除2008年全球金融危机前后出现波动以外，收入贸易条件持续改善。价格贸易条件和出口数量指数是影响收入贸易条件的两个因素。其中，价格贸易条件的变化趋势是缓慢改善后恶化；出口数量指数则一路攀升。由于出口数量指数的增长速度远超过了价格贸易条件的变化率，所以出口数量指数对收入贸易条件的影响因子相对较大，导致收入贸易条件的变化趋势与出口数量指数的变化趋势一致。

【讨论问题】

1.价格贸易条件不断恶化的原因是什么？

2.单要素贸易条件快速增长的主要原因是什么？

3.收入贸易条件表现得相对较佳的原因是什么？

【参考答案】

1.改革开放以来一直是以扩大出口带动国内经济的高速发展，相对进口商品价格来说出口商品价格一直偏低，这使得价格贸易条件不断恶化。

2.单要素贸易条件快速增长的主要原因是出口部门劳动生产率的不断提高。

3.收入贸易条件的变化趋势与出口数量指数的变化趋势一致，所以出口数量指数对收入贸易条件的影响因子相对较大，特别是出口数量指数的增长速度远超过了价格贸易条件的变化率。

3.3 相互需求原理

案例

国际商品交换比例的上下限

【案例正文】

假定A国和B国的棉布和纤维布生产都投入等量的劳动和资本，在此情况下A国和B国分别生产棉布和纤维布的数量见表3-1。

表3-1 A国和B国生产棉布和纤维布的数量

国家	棉布（米）	纤维布（米）
A国	1	1.5
B国	1	2

按照比例成本理论进行分析，A国投入同样多的劳动和资本，生产的棉布同B国一样多，都是1米，所以在棉布生产上，两国处于均势，而生产纤维布，A国则少于B国，处于劣势，所以A国应该分工生产棉布；相反，B国生产棉布同A国处于均势，而生产纤维布却处于优势，所以B国应分工生产纤维布。

两国原来各自生产这两种产品时，在A国国内，1米棉布可以交换1.5米纤维布，因为投入了等量的劳动和资本，国内成本相同。同理，在B国国内，1米棉布可以交换2米纤维布。两国分工生产交换时，如果两国的交换比例是1米棉布交换1.5米纤维布，即按A国国内的交换比例交换，参加贸易对A国来说同自行生产相同，不比分工前多得产品，所以没有获得贸易利益。而这个交换比例对B国是有利的，因为在B国国内2米纤维布只能交换1米棉布，按这个交换比例，1.5米纤维布就可以交换1米棉布，所以在这个交换比例下，B国可以节约0.5米纤维布，因此贸易利益A国没有获得，全被B国占有。但在这个交换比例下，A国会退出交易，国际贸易不可能发生。显然，两国交换比例更不能低于1米棉布交换1.5米纤维布这个A国国内的交换比例，比如，1米棉布交换1.4米纤维布，这个比例固然对B国会更加有利，但对A国来说，它绝不会用1米棉布到国外去交换1.4米纤维布。因此结论是，双方贸易不能等于或低于1米棉布交换1.5米纤维布这个A国国内的交换比例。同理，如果两国的交换比例是1米棉布交换2米纤维布，即B国国内的交换比例，参加贸易对B国来说，同自己生产相同，不比分工前多得产品，所以没有获得贸易利益。但这个交换比例对A国是有利的，因为在A国国内1米棉布只能交换1.5米纤维布，而在这个交换比例下，A国多得了0.5米纤维布，贸易利益全被A国占有。因此，在这个交换比例下，B国会退出交易，国际贸易不会发生。显然，这个交换比例更不能高于1米棉布交换2米纤维布，因为高于这个交换比例，比如，1米棉布交换2.1米纤维布，这个交换比例固然对A国会更加有利，但对B国来说，在国内只用2米纤维布就能交换1米棉布，所以它不会到国外用2.1米纤维布交换1米棉布。因此，高于这个B国国内的交换比例，国际贸易便不会发生。结论是，贸易双方棉布同纤维布交换，不能等于或高于B国国内的交换比例。

【讨论问题】

仔细阅读并比较A国和B国两国的棉布与纤维布交换比例，讨论两国之间棉布和纤维布交换比例的上限和下限。

【参考答案】

A国和B国两国棉布同纤维布的交换比例，只能在1∶1.5至1∶2之间。即两国之间棉布和纤维布的交换比例，上限是1米棉布交换2米纤维布这个B国国内的交换比例，下限是1米棉布交换1.5米纤维布这个A国国内的交换比例。

综合案例：中国棉花价格波动以及中国与美国纺织品双边贸易

【案例正文】

1.中国棉花价格波动特征及原因

加入WTO以来，中国棉花价格主要在1.1万元/吨～2万元/吨之间波动，其中大部分时间集中在1.3万元/吨～1.4万元/吨。2014年是中国棉花价格季节性波动的分界点，2014年后受季节因素影响棉花价格的波动幅度相对2013年前明显降低，说明近年来季节因素对中国棉花价格波动的影响进一步缩小且日趋稳定，中国棉花价格季节性波动的波谷通常在9、10月份新棉上市的初期，4、5、6月为波峰。9、10月通常为新棉上市的初期，新棉供给量相对比较集中，伴随着棉花采收逐步全面展开，棉花的供给量明显增加，一方面棉花加工厂在收购新棉时会相对压低价格来为自己争取利润空间，另一方面棉农为了减少自然天气对棉花产量和质量指标的影响会接受棉花加工厂提供的价格，在买卖双方的博弈下，总体上棉花价格处于相对的低谷期。在棉花库存相对稳定的条件下，5、6月通常是播种的棉花生长刚进入第五真叶期，新棉还未上市，前一个棉花年度即将进入末尾，正是市场上棉花青黄不接的季节，也是纺织企业普遍补库的时期，在需求的拉动下棉花价格会有一定的上涨。

中国棉花价格波动的趋势总体上呈现倒“V”形特征，先上升后下降。种子、化肥、人工等各种生产资料价格持续上涨推动了棉花价格的上升。随后，棉花价格开始下降，主要是因为技术进步推动棉花产业变革，近年来中国最大的棉花产区新疆机械化、信息化程度逐步提高，机械替代人工大量降低了生产成本，发展机采棉，用机械替代人力的趋势不可逆。

天气变化、市场突发事件等是价格不规则性波动的主要影响因素。棉花价格有两次较大的波动，分别是在2003—2004年、2010—2011年。前一次主要是加入WTO后中国对棉花的大量进口及2003年棉花播种期的阴雨天气等因素导致2003年全球棉价大幅冲高，棉价的高涨极大地刺激了农民的种棉积极性，下一年度因为种植面积和产量的大幅度增长导致棉花价格下跌；后一次主要受棉花种植面积下滑、主产区低温和强降雨天气的影响。2019年后也存在较为明显的波动，主要是因为近年来的中美贸易摩擦，其他年份也有部分波动，更多地表现为自然灾害对棉花产量的影响，进而引起棉花价格波动。

2. 中美纺织品贸易变化特征及影响因素

纺织产业在中国国民经济中占据重要地位。目前，中国已经发展成为全球最大的纺织品生产和贸易国，美国是中国纺织品最主要的出口市场。

从出口额来看，中国对美纺织品的出口增长迅速。2017年，中国对美国出口纺织品456.4亿美元，较1998年的42.2亿美元增加了414.2亿美元，年均增长13.4%，高于同期10.7%的中国对世界纺织品出口增速。美国对华纺织品出口额则从1998年的2.7亿美元增加到2017年的18.1亿美元，年均增长10.5%，高于同期0.6%的美国对世界纺织品出口增速。从出口额占比来看，中国对美纺织品出口占比逐年上升，而美国对华纺织品出口占比则呈现“先上升后下降”的态势。具体来看，中国对美纺织品出口额占美国纺织品进口总额的比例从1998年的6.3%增加到2017年的38.3%，增加了32个百分点，远高于同期2.9个百分点的美国对华纺织品出口占比增长幅度。

中国输美的纺织品主要是制成品，而美国对华出口的主要是纺织原料。从中美两国纺织品贸易整体变动成因来看，竞争力效应一直是中国输美纺织品增长的最主要影响因素，说明中国的纺织品在美国市场具有显著的竞争优势。随着美国对纺织品需求的增加，增长效应对中国输美纺织品的增长具有越来越重要的作用；由于中国对美纺织品输出主要集中在制成品，导致结构效应对中国输美纺织品增长的作用较小。与之相比，竞争力效应是美国对华纺织品出口增长的最主要影响因素，而美国对华纺织品出口主要集中在纺织原料，产品结构效应对出口的作用较小。

从各类纺织品贸易变动成因来看，竞争力效应是中国输美各类纺织产品增长的最主要影响因素，尤其是对输美纺织原料和纺织服装产品出口的增长具有极大的促进作用，说明中国的上述两类产品在美国市场具有极强的竞争优势。另外，纺织原料的增长效应呈上升态势，而纺织制品的增长效应则呈下降趋势，说明美国对华纺织原料的需求变动对中国对美纺织原料出口的作用日益显著，而由于来自东南亚、印度等国家更为廉价的纺织服装抢占了中国纺织服装在美国市场的份额，导致增长效应对中国输美纺织品增长的作用不断下降。相比而言，增长效应是美国对华纺织原料和纺织服装出口增长的重要影响要素。并且随着中国社会经济的发展，人民生活水平的提高，中国对高质量服装的需求日益旺盛，极大地促进了美国对华纺织服装的出口。但是，受高昂生产成本的影响，美国纺织产品在中国市场并不具有竞争优势，所以竞争力效应对美国对华各类纺织品出口的促进作用均较小。

【案例使用说明】

一、教学目的与用途

本案例适用于国际价值与国际市场价格理论的综合教学，通过案例讨论，使学生初步接触价值规律、贸易条件和相互需求原理，为学生充分理解国际价值与国际市场价格理论、贸易条件分析以及相互需求原理奠定基础。

二、讨论思考题

通过阅读、分析和讨论本案例资料，帮助学生思考和掌握下列具体问题：

1.在本案例分析中，中国棉花价格波动的影响因素有哪些？哪个是最主要的影响因素？我们从中可以发现什么规律？

2.2017年中国与美国纺织品双边贸易特征是什么？我们如何从需求的角度考虑中国与美国纺织品双边贸易特征？

3.中国是否从中美纺织品双边贸易中获利？为什么？

三、分析思路

本案例的概念难度、分析难度和陈述难度均适中，适用对象包括国际贸易和国际商务专业的本科生。对于缺乏专业基础理论知识的本科生，可以根据教学大纲，有选择地引导阅读案例相关材料；对于缺乏实践经验的本科生，可以引导其将所掌握的理论知识运用于本案例中每一个具体问题的分析，对案例中争论的焦点问题，作出自己的是非判断，锻炼其解决实际问题的能力。

四、思政启示

新疆是中国乃至世界重要的棉花种植地区，棉花品质属于世界顶级品质。新疆棉花的稳定生产，对国内外纺织产业发展和世界人民“衣食住行”的“衣”有重要的贡献。但近年来某些西方国家以所谓的“强迫劳动”为借口，提出“抵制新疆棉花和纺工厂”的口号，企图打压新疆棉花的生产，极其不负责任。实际上，在将近50天的采棉季中，采棉工平均每人都能挣到上万元。在这么短的时间内，能挣到这么多钱，人们何乐而不为？按照《中华人民共和国劳动法》等法律法规，本着平等自愿的原则，与有关企业依法签订劳动合同，获取相应报酬，他们在选择就业地点上也完全享有自由。新疆有关方面曾多次邀请欧盟驻华使节来疆参访，但他们百般拖延，甚至提出了无理要求，说白了就是不敢面对真正的新疆，害怕新疆社会稳定发展、人民安居乐业的繁荣景象戳穿他们的谎言。因此，西方国家的谎言不攻自破。

第4章 对外贸易政策与理论

开篇案例

【案例正文】

改革开放40多年来，中国的对外贸易实现了历史性的跨越式增长。无论是贸易规模、贸易结构还是贸易市场都呈现出翻天覆地的变化。目前，中国已稳居世界第一贸易大国，与世界的231个国家和地区建立了贸易伙伴关系。在中国对外贸易质量和效益双双提升的同时，由于各国在政治经济环境、法律规则、贸易政策倾向和市场特点等方面存在诸多差异，而且面临着贸易保护主义、多边贸易体制和贸易摩擦等重重困境和挑战，国内外贸企业的生存与发展受到更加趋紧的国际环境的严重影响。新型冠状病毒感染暴发以后，中国对外贸易企业的很多现实问题凸显出来，如贸易结构严重倾斜，在高、中、低端产品贸易层次中没能形成合理、均衡的结构，与主要贸易国的贸易摩擦加剧，国际贸易保护主义势力进一步抬头。因此，如何纾解中国对外贸易的困境，促进与贸易伙伴国的良好合作关系，并能在新形势下继续维持中国对外贸易的国际地位，成为中国对外贸易政策领域中重要而又亟待解决的问题。

对外贸易政策是一国政府在一定时期内为实现一定的政策目标对本国进出口贸易制定并实施的政策，它从总体上规定了该国对外贸易活动的指导方针和原则。对外贸易政策的内容一般包括对外贸易总政策、进出口商品政策和国别或地区政策等。中国改革开放至今，对外贸易经历了由国家统一经营、国家管理经营到放开经营的过程，在以发达国家主导的经济全球化和贸易自由化的推动下，我国贸易开放程度和自由化程度不断提高。这与中国改革开放后不同阶段的发展水平和采取的政策调整是分不开的。在中国工业化过程尚未完成之时，因贸易的迅速增长而引起贸易冲突加剧，势必影响到中国经济的长远发展。因此，当前对外贸易政策的调整必须注意保留贸易平衡政策运用的空间。

【涉及的问题】

对外贸易政策的内容有哪些？对外贸易政策产生和使用的理论依据是什么？通过本章的学习，可以了解对外贸易政策的历史演变，熟悉对外贸易政策的内容和理论。

4.1 对外贸易政策概述

案例

制裁与反制裁

【案例正文】

本世纪某年4月，我方发布针对A国“232措施”的产品征税清单，对原产于A国的7类128项进口商品中止关税减让义务。分析人士指出，我方此举可谓是先礼后兵合理反击，如果A国继续一意孤行，我方表示将继续还击。

A国严重侵犯我方利益，并产生了很大的外溢效应。此次在我方发布的加征关税清单中，对水果及其制品等120项进口商品加征关税税率为15%，对猪肉及其制品等8项进口商品加征关税税率为25%。据统计，当年涉及A国对我方约30亿美元的出口额。

4月2日生效的征税行动主要针对A国3月初提出的“232措施”，即A国对进口钢铁和铝产品分别征收25%和10%的关税。虽然“232措施”并非针对单一国家，但是A国此后不断通过“豁免”方式，换取其他国家在贸易谈判中对A方提出的条件。

我方商务部国际贸易经济合作研究院国际市场研究所副所长白某表示：虽然我方不是A国最大的钢铁出口国，但A国的措施相当于动员其他国家一起压制中国，让中国成为众矢之的，而且违反了WTO的非歧视原则，严重侵犯了我方利益。

我方国际贸易学会某经济战略研究中心共同主席李某表示，A国的做法背后有着“老辣”的设计。对多国征税看似公平，但通过“豁免”方式来操纵，结盟的同时实现了只针对我方的目的。更危险的是，一旦形成结盟，可能会在更多贸易议题上对我方发难，营造围堵氛围。

【讨论问题】

从案例看出，一个国家对外贸易政策包含了哪两方面的内容？

【参考答案】

一方面，我方发布了针对A国的征税清单，说明一个国家对外贸易政策包含了国别对外贸易政策方面的内容，这是根据对外贸易总政策及世界经济政治形势，以及本国与不同国别（或地区）的经济政治关系，分别制定的适应特定国家（或地区）的对外贸易政策。案例中A国“232措施”的产品征税清单对我方利益造成损害，违反了WTO的非歧视原则，我方在WTO框架下反过来对A国实施中止关税减让的贸易措施。

另一方面，我方作为反击，对原产于A国的7类128项进口商品中止关税减让义务，对水果及其制品等120项进口商品加征关税税率为15%，对猪肉及其制品等8项进口商品加征关税税率为25%。据统计，涉及A国对我方约30亿美元的出口额。这说明，一个国家对外贸易政策还包含了进出口商品政策方面的内容。

【思政启示】

美国针对中国出口产品多次违反WTO规则，设置毫无依据的贸易壁垒。中国政府应在WTO法律框架下，发起对等反击。实际上，美国的做法是违反法治观念和法律意识的，而中国的反击，既尊重WTO的法治内容，有法可依，又体现了大国责任，保护国内经济发展，保障国际法治精神。

4.2 对外贸易政策的历史演变

4.2.1 资本主义生产方式准备时期的对外贸易政策

案例

以保护贸易政策促进财富积累

【案例正文】

资本主义制度源于西欧。15世纪末，西欧进入封建制度解体和资本主义制度产生的阶段。

当时所面对的环境主要为：一是发现新大陆和远东。14世纪至15世纪，资本主义已经在西欧的某些国家萌芽。而资本主义的发展迫切需要向海外寻找市场和原材料的供应地，因此西欧各国统治者极力发展海运事业，这也为“地理大发现”提供了重要的动力。“地理大发现”扩大了世界市场的范围，加速了资本的原始积累，促进了航海业和工商业的发展，而对外贸易更加速了西欧商业资本的发展与壮大。

二是社会阶级的变动与经济市场的改变。在资本主义的形成和发展过程中，商业资本起了关键性的作用。当时，随着商业资本的增加和货币的积累，旧的封建制度经济逐渐被新的商品货币经济所替代。新经济的发展深刻地改变了社会各阶层，旧式贵族转变成了真正意义上的商人，这也反映了自然经济向商品经济过渡时期的新变化。人文主义思想的传播促进了探寻财富与货币关系的“重商主义”诞生。

三是民族国家的兴起。在商业资本加强的同时，由于中世纪的财政方法已不能满足政府的现实需要，除了通过财政税收促进社会财富积累外，别无其他方法。因此西欧各国的封建王权开始同商业资本结合起来，封建割据君王纷纷与资本家结盟以削弱封建贵族势力，建立起强大的民族国家。为加强国家政治、军事和商业资本的力量，西欧各国先后实施了一系列重商主义政策。民族国家的建立有赖于君主权力的加强，因此，欧洲君主在此时期对内注重专制统治，强调国家高于宗教的观点，对外因为必须与他国互动与竞争，所以国际关系的研究与探讨便成为当时的重点。因此，16世纪的欧洲民族国家更加强调“国家强大系于国家的经济商业流通”，重商主义思想随之受到广泛的重视。

四是稀贵金属数量的增加与物价的上涨。美国矿产发现以及亚非拉等地沦为殖民地之后，金银数量增加，造成了物价的猛涨，物价的猛涨又极大地改变了现存的经济关系，从而加速了经济变动，也因此使得民间产生了诸多恐慌与不安。

此外，又有某些君主和共和国政府发行劣币所产生的损失和困难。因此，当时的学者们希望由政府强力干涉实业事务，包括禁止令、保护税、奖励金、垄断业和特许公司等，特别纷纷强调商品和劳务出口大于进口的重要性，认为这是一国在没有金银矿藏的情况下，能获得贵金属持续净流入的唯一手段，他们认为贵金属是一国富国强兵的根本，积累贵金属是国际贸易的重要目的，因为金银即代表财富，此背景极大地促进了重商主义的发展。

【讨论问题】

1.资本主义生产方式准备时期的国际贸易政策特点是什么？

2.重商主义产生的原因是什么？

【参考答案】

1.资本主义生产方式准备时期的国际贸易政策最主要的特点是以掠夺、欺骗为主要方式。西欧封建制度向资本主义制度过渡时期（资本原始积累时期）受到普遍推崇的一种经济哲学就是重商主义。

2.15世纪初，正当文艺复兴进入初期发展阶段之时，重商主义兴起，当时社会上追求商品生产更快发展，追求工商业资本的迅速增加，已成为一股不可抗拒的潮流，这是重商主义产生的一个重要原因。然而，重商主义产生更深层次的背景，则是在追求商品生产更快发展、追求工商业资本迅速增加这股强大潮流冲击下，所引起的西欧经济形式和社会阶级关系的变化。新经济的发展，引起了社会各阶层的变化，旧式贵族变成了真正的商人，商人们开设工厂商行，创办银行，自然经济向商品经济过渡，重商主义就是在这样一种背景下产生的。

4.2.2　资本主义自由竞争时期的对外贸易政策

案例

英国《谷物法》的存废之争

【案例正文】

1815年，为了保护国内农业，英国实行了《谷物法》。《谷物法》规定谷物价格低于每夸特80先令时，不得进口。在当时英国商人的联合操纵之下，谷物的价格很“巧妙”地控制在一个无法进口的水平，使得英国国内的市场彻底被地主们所垄断。

《谷物法》出台后，遭到地主之外的其他各阶层的普遍反对，直接引发了伦敦的严重骚乱。《谷物法》直接导致食品价格上涨，城市工人阶级不得不以高价购买生活必需品，由此又引发了工人阶级的不满和反抗。底层工人阶级强烈要求废除《谷物法》，1838年的《人民宪章》就体现了这种诉求。同时，《谷物法》的贸易保护主义也影响到工业资产阶级的利益，他们也强烈反对《谷物法》。工商业主认为《谷物法》的贸易保护导致英国工业品出口受限和用工成本的提高，阻碍了英国工业品的海外销售。1839年工业资产阶级在曼彻斯特成立“反《谷物法》协会”，通过频繁集会、出版发行报纸和宣传册子、使用打油诗和漫画等手段，宣称只有废除《谷物法》，才能降低食品价格，创造更多就业机会，这吸引很多工人参加了“反《谷物法》协会”，致力于废除《谷物法》。

随着选举权的扩大使反《谷物法》运动的领导人进入议会，废除《谷物法》时机逐渐成熟。1842年恢复的所得税带来意想不到的收入，可以弥补废除《谷物法》带来的关税损失；1845年末，受英国农业歉收和爱尔兰马铃薯灾荒的影响，爱尔兰出现了大饥荒，英国的粮食严重匮乏，大饥荒使得上百万人被饿死，因为《谷物法》死死地卡住了爱尔兰人的脖子，使他们不能及时地进口粮食来赈灾，这一事件又直接推进了《谷物法》的废除。在此背景下，英国议会就《谷物法》的存废展开了激烈辩论。是废还是不废？保守党内阁因此陷入了分歧，主张废除《谷物法》的意见占了上风，力倡自由贸易的皮尔首相于1846年提出废除《谷物法》提案，在议院连续做了5次重要的演讲。最终，1846年5月15日废除《谷物法》议案在下议院通过。

废除《谷物法》后，自由贸易为英国带来了一个新的时代，英国资本主义经济实现了进一步的发展，英国政府通过举办世博会来彰显这一成就。《谷物法》的废除标志着自由贸易在英国成为主流，让英国的贸易进一步扩张，之后，议会宣布自由贸易是英国的国策。

【讨论问题】

分析英国《谷物法》存废的原因和历史背景。

【参考答案】

18世纪中叶到19世纪末，资本主义进入自由竞争时期。因此，英国新兴工业资产阶级迫切需要废除重商主义时期制定的一系列贸易保护政策。重商主义时期，英国的关税法令多达上千条，这些贸易条约体现了自由贸易精神。自由贸易政策在历史上起到了积极的推动作用，英国也是其最大的受益者。在英国的带动下，其他欧洲主要国家也纷纷施行自由贸易政策并从中获益。经过60年的政策实践，英国的经济和贸易获得了蓬勃发展，经济跃居世界首位。

4.2.3 资本主义垄断时期的对外贸易政策

案例

贸易保护主义卷土重来

【案例正文】

源于20世纪80年代的新贸易保护主义产生后的很长一段时间内，其政策措施的重点是鼓励出口，但是20世纪90年代以来，随着经济全球化进程加速，各国市场竞争日趋激烈，特别是遭遇国内经济不景气时，新贸易保护主义又重新重视起对本国进口市场的保护。以A国为例，进入新世纪后，A国经济增长率从1999年的4.1%下滑至2001年的0.3%，降幅十分巨大，于是A国政府加强了进口保护：一是借助WTO规则，滥用反倾销、反补贴与保障条款。1995年WTO成立以来，A国的反倾销立项数直线上升，从1998年的37起上升到1999年和2000年各47起，再到2001年和2002年的74起和75起；二是恢复传统关税与配额手段，2002年5月A国单方面决定对部分进口的钢铁加征30%的关税，11月又对从某新兴经济体进口的3种纺织品实行配额限制；三是高筑技术贸易壁垒，阻挡外国优势产品的进口。据WTO统计，仅2002年上半年因为技术壁垒，A国的进口下降了6%，而亚洲某经济大国的进口下降幅度则超过10%。事实上，新贸易保护主义从来没有在一个时期单独采用鼓励出口或保护进口方式，而是采取“组合拳”搭配使用。1980年A国进口产品的大约1/8就属于保护范围，而到了20世纪80年代末，该数字达到了1/4。新贸易保护主义又在向传统的进口保护措施回归。

为什么重新重视起进口限制？这主要还是源于凯恩斯的国家干预思想。与重商主义不同，凯恩斯主义将贸易顺差与就业、经济增长联系在一起，认为一国的贸易顺差可以扩大有效需求、增加就业、促进经济增长。汉森、萨缪尔森指出一国的出口与国内投资一样，也具有乘数效应，而进口与国内储蓄一样，可以起到减少国民收入与就业的作用。凯恩斯理论给贸易保护主义国家干预思想注入了新的内涵，国家干预的手段主要包括财政政策、货币政策、收入分配政策以及对外经济政策等。根据这一思想，新贸易保护主义者要求政府加强进口管制，如实施配额制、要求生产国自动限制出口；通过制定和实施有关对外贸易法规来干预贸易活动，从而达到恢复国际收支平衡、保护和促进国内生产、实现充分就业的目的。正因为如此，凯恩斯主义又被称为“新重商主义”。

【讨论问题】

1.试分析凯恩斯主义的历史背景。

2.试分析超保护贸易政策与早期的保护贸易政策相比，呈现哪些新的特点？

【参考答案】

1.19世纪末到第二次世界大战期间，西方世界进入垄断资本主义时期。在这一时期，由于主要资本主义国家都已经完成产业革命，科技水平的发展普遍提高了各国的生产力水平和产业竞争力，同时资本主义国家纷纷实现了资本的高度集中，国内市场变得相对狭窄，因而开拓和争夺国际市场的斗争愈演愈烈。1929—1933年爆发了世界性的经济危机，使市场矛盾变得越发尖锐，西方各国垄断资产阶级为了垄断国内市场和争夺更多的国际市场，竞相推行超保护贸易政策。包括之前一直推崇自由贸易政策的英国，由于美国工业水平的提升和贸易地位的提高，使得英国的贸易优势地位逐步丧失，1932年，英国也不得不被迫宣布彻底放弃自由贸易政策，改推全面的保护贸易政策。

2.超保护贸易政策是一种侵略性的保护贸易政策，它与早期保护贸易政策不同，主要有以下新特点：第一，保护对象从本国的幼稚工业演变为国内高度发展和出现衰落的垄断工业，从一般工业资产阶级演变为垄断资产阶级。第二，保护范围从保护国内市场演变为占领和垄断国外市场。第三，保护目的从防御转向进攻，从消极限制进口演变为进攻国外市场，从培育本国产业的国际竞争力演变为巩固和加强对国外市场的垄断。第四，保护手段从传统的关税措施演变为关税和非关税等各种奖出限入的政策混合运用。

4.3 对外贸易政策理论

4.3.1 保护幼稚工业理论

案例

需要保护的幼稚工业

【案例正文】

1841年李斯特出版了他一生中最重要的著作《政治经济学的国民经济体系》，提出了影响深远的“幼稚工业保护论”。该书着重分析了德国的历史和现实，比较系统地阐述了贸易保护的思想。作为贸易保护的立论基础，李斯特首先提出了“经济发展阶段说”，将人类社会的发展阶段分为5个时期，即未开化时期、畜牧时期、农业时期、农工时期和农工商时期，认为不同时期应当实施不同的贸易政策。前3个时期属于贸易政策的第一阶段，该阶段对较先进的国家实行自由贸易，以此为手段，使自己脱离未开化状态，在农业上求得发展；第二阶段利用商业限制政策，促进和保护工业、渔业、海运事业和国外贸易的发展；最后一个阶段是当财富和力量达到了最高以后，逐步恢复自由贸易原则，在国内外市场进行无限制的竞争，使从事农工商业的人们在精神上不会松懈，并且可以鼓励他们不断努力去保护既得的优势地位。

李斯特贸易保护主义理论对19世纪德国的经济和社会生活产生了深远的影响。该理论的运用促进了德国资本主义经济的发展和封建制度向资本主义制度的过渡。1834年德意志关税同盟成立后，德国有了统一的对外关税政策，并开始工业革命。但最初几年，关税同盟的政策是相当温和的。以棉花和毛纱为例，税率仅从6%上升至8%。到40年代初，面对英国压倒性优势的工业力量，为了使德国日益兴起的工业获得发展，有理由认为加强保护是必要的。因此1841年李斯特的著作发表后，在德国产生了强烈的反响。他的学说立刻为关税同盟工业国所接受，极大地促进了这一时期的保护关税运动，税率有明显的上升。1843年棉纱进口税提高50%，1844年毛纺织品进口税提高33%，金属、皮革制成品进口税提高了一倍。另一方面对机器和工业原料却尽量地减免关税。这些措施有效地抵制了英国的竞争，使德国的资本主义工业生产得以健康迅速地发展。随着工业的发展，德国资产阶级的队伍不断壮大，加强了反对封建制度的力量。正如马克思所指出的，“保护关税成了它（指资产阶级）反对封建主义和专制政权的武器，是它聚集自己的力量和实现国内自由贸易的手段”。在这个意义上，李斯特贸易保护主义不自觉地充当了推动德国社会转型的动力。以李斯特贸易保护理论为显著特征的这一时期在德国历史上被称为“李斯特时代”。在李斯特贸易理论的指导下，德国最终实现了工业化，跃进世界发达国家的行列。

【讨论问题】

1.试分析李斯特保护幼稚工业理论的历史背景。

2.试分析李斯特保护幼稚工业理论的具体政策主张。

【参考答案】

1.1760年英国首先开始工业革命，到19世纪上半期率先完成工业革命，法国紧追其后。而当时的德国刚刚从一个政治上分裂、经济上落后的农业国泥沼中脱离出来，并进入工业革命时期，当时的德国生产力水平落后于英、法两国。由于英国出口的廉价商品严重威胁着德国民族工业的生产，在客观上要求实行保护贸易的政策。德国的李斯特正是适应这一客观要求，提出了代表当时资本主义发展较为迟缓的德国的工业资产阶级利益的贸易保护理论。李斯特的幼稚工业保护理论及政策对德国当时资本主义工业的发展起到了极大的促进作用，使得德国在短期内赶上了英、法等发展较早的资本主义国家，而且为经济较为落后的国家指出了一条比较切合实际的国家贸易发展道路。

2.李斯特保护幼稚工业理论的具体政策主张有：（1）实行保护贸易政策的目的不是保护其行业本身，而是促进行业的发展，最终无须保护。（2）保护并不是对所有行业的保护，而是有选择进行的。国家应该选择那些目前尚处于幼稚阶段、受到外国企业强大的竞争压力，但经过一段时间的保护和发展能够被扶植起来并达到自立，有可能成为比较具有优势的行业。（3）如果幼稚工业没有遭遇到外国强有力的竞争，或经过一段时期的保护和发展仍不能够自立，就不应给予保护。（4）保护是有期限的，其最高年限为30年。

4.3.2 凯恩斯主义的贸易保护理论

案例

凯恩斯主义与对外贸易政策

【案例正文】

著名经济学家凯恩斯的经济学说是在20世纪30年代资本主义大危机的背景下

为适应垄断资产阶级的需要而产生的。1929—1933年资本主义世界发生空前严重的经济危机，使市场问题进一步尖锐化。凯恩斯认为，保护贸易的政策能够保护经济的繁荣，扩大就业。因此，国家应干预经济生活，把对外贸易与扩大有效需求结合在一起，形成了超保护贸易理论。此时，各国相继放弃了自由贸易政策，强化了国家政权对经济的干预作用。许多资本主义国家都提高了关税，实行外汇限制、数量限制；同时，国家积极干预外贸，鼓励出口。

凯恩斯与其追随者当时认为古典派自由贸易理论过时了。首先，20世纪30年代，大量失业存在，自由贸易理论“充分就业”的前提条件已不存在。其次，凯恩斯及其追随者认为，古典派自由贸易理论虽然以“国际收支自动调节说”解释贸易顺差、逆差最终均衡的过程，但是却忽略了在调节过程中对一国国民收入和就业所产生的影响。他们认为应当仔细分析贸易顺差与逆差对国民收入和就业的影响。

凯恩斯主义认为，总投资包括国内投资和国外投资，国内投资额由“资本边际收益”和利息率决定，国外投资量则由贸易顺差大小决定。贸易顺差可为一国带来黄金，也可扩大支付手段，压低利息率，刺激物价上涨，扩大投资，这有利于国内危机的缓和与提高就业率。贸易逆差会造成黄金外流，使物价下降，导致国内经济萧条和增加失业人数。贸易顺差能增加国民收入，扩大就业；贸易逆差则会减少国民收入，加大失业。

凯恩斯认为，总收入取决于总就业量，总就业量取决于有效需求，经济危机和失业是由有效需求不足引起的。只有当国家积极干预经济生活，制定一系列的政策来刺激有效需求，才能提供足以保证充分就业水平的有效需求量，危机可以避免，失业问题就能迎刃而解。凯恩斯主义主张政府干预对外贸易，奖出限入，实行超保护贸易政策。采取各种手段和保护措施，减少进口，扩大出口，实现贸易顺差，增加国民收入，扩大就业，促进国内经济发展。

【讨论问题】

凯恩斯主义的贸易保护理论如何分析对外贸易政策对经济发展的贡献？

【参考答案】

凯恩斯主义认为，贸易顺差可为一国带来黄金，也可扩大支付手段，压低利息率，刺激物价上涨，扩大投资，这有利于国内危机的缓和与提高就业率。具体来看，凯恩斯认为总收入取决于总就业量，总就业量取决于有效需求，经济危机和失业是由有效需求不足引起的。只有通过国家积极干预经济生活，制定一系列的政策来刺激有效需求，才能提供足以保证充分就业水平的有效需求量，危机可以避免，失业问题就能迎刃而解。凯恩斯主义主张政府干预对外贸易，奖出限入，实行超保护贸易政策。采取各种手段和保护措施，减少进口，扩大出口，实现对外贸易顺差，增加国民收入，扩大就业，促进国内经济发展。

4.3.3　中心-外围理论

案例

发展中国家的挣扎

【案例正文】

为了实现民族经济的独立，发展中国家渴望脱离旧的国际经济秩序，尤其是旧的国际分工和贸易体系。代表落后国家民族经济利益的阿根廷经济学家劳尔·普雷维什以不平等交换理论为基础，从不同角度提出并论证了“中心-外围”结构的存在，批判传统自由贸易理论会使发展中国家通过自由贸易表现出来的相对优势与经济加速发展之间存在矛盾，并最终会使发展中国家的贸易条件恶化。

普雷维什将世界经济体系划分为中心和外围两大类：一是中心国家，主要由以西方七国集团为代表的高度工业化的少数发达国家组成，它们能够独立自主地发展本国经济，出口工业品或高附加值产品而进口原材料或初级产品，是绝大多数技术知识的创造者和传播者，因此能够占有几乎全部利益；二是外围国家，主要由发达国家之外的绝大多数发展中国家组成，它们在经济和技术发展上绝对地依附于发达国家，难以获得技术进步带来的利益，相反技术进步却压低了主要出口商品初级产品的价格，因此它们与中心国家之间进行着不平等的经济贸易往来。

由于外围的发展中国家与中心的发达国家技术结构不同，技术水平差距过大，技术利益分配不均，如按传统贸易理论进行自由贸易，就没有互利性。

普雷维什对1876—1938年间英国进出口产品的平均价格指数进行了考察，得出中心国家的贸易条件正日益改善，而外围国家的贸易条件在以下三方面因素的综合作用下变得越来越恶化：（1）技术进步引致利益分配不均；（2）进口的制成品市场结构具有垄断性、需求收入弹性较大；（3）中心国家的周期性经济危机对它们出口初级产品的需求极不稳定。

外围的发展中国家应通过实行工业化，独立自主地发展自己的民族经济来彻底摆脱不合理的国际分工体系，打破旧的国际经济秩序。工业化要分阶段实施：第一阶段，主要发展出口替代工业，加快工业化所需的资金积累，为工业化创造条件。首先应积极发展初级产品出口，增加外汇收入，为进口工业化必需的资本货物创造条件，并用出口所得的资金进行资本积累。第二阶段，建立和发展国内进口替代工业：初级产品出口扩大导致价格下降后，就不要再扩大出口，而应用剩余资源建立一些国内消费品工业，用以替代从中心国家的进口。一定时期后，要加强与其他外围国家的经济联系与合作，相互交换各自生产的初级产品和制成品，既可以积累国际贸易经验，又可以不断加强工业品竞争能力。第三阶段，建立和发展制成品的出口替代工业，主要生产和出口制成品，进一步发展消费品生产，同时发展一些中间产品、耐用消费品和资本货物的生产和出口。

【讨论问题】

1.试分析中心-外围理论产生的历史背景。

2.分析外围国家贸易条件恶化的原因。

【参考答案】

1.第二次世界大战后，广大亚、非、拉美发展中国家纷纷获得独立，面临着在发达国家占据主导地位的世界经济中发展国民经济的历史问题。故以发展中国家为分析对象的贸易保护理论应运而生，其中主要代表是中心-外围理论。为了实现民族经济的独立，发展中国家渴望脱离旧的国际经济秩序尤其是旧的国际分工和贸易体系。代表落后国家民族经济利益的经济学家普雷维什和“法国学派”的代表人物萨米尔·阿明等，以不平等交换理论为基础，从不同角度提出并论证了“中心-外围”结构的存在，批判传统自由贸易理论会使发展中国家通过自由贸易表现出来的相对优势和加速经济发展之间存在着冲突，并会使发展中国家的贸易条件恶化。

2.普雷维什认为，造成外围国家贸易条件持续恶化的主要原因有：

（1）技术进步的利益在“中心”与“外围”之间的不平等分配，是造成后者贸易条件长期恶化的重要机制。在“中心-外围”体系中，技术进步首先发生在“中心”，它的工业部门容易吸收新技术，因而会提高工业生产率，使工业的要素收入增加，并使制成品价格较高。而初级产品部门技术落后，劳动生产率低，投入要素的边际收益递减，从而使初级产品的价格较低。

（2）贸易周期运动对“中心”与“外围”的不同影响，也是“外围”国家贸易条件长期恶化的重要原因。普雷维什认为，在贸易周期的上升阶段，制成品和初级产品的价格都会上涨，但在贸易周期的下降阶段，由于制成品市场具有垄断性质，初级产品价格下跌的程度要比制成品严重得多。这样，贸易周期的反复出现，就意味着初级产品与制成品之间价格差距的不断拉大，从而使“外围”国家的贸易条件趋于恶化。

（3）在贸易周期的上升阶段，由于企业家之间的竞争和工会的压力，“中心”国家中的工人工资会上涨，部分利润用来支付工资的增加。在危机期间，由于工会力量的强大，上涨的工资并不因为利润的减少而下调；而“外围”国家的情况则不同，由于初级产品部门工人缺乏工会组织，没有谈判工资的能力，再加上存在大量剩余劳动力的竞争，“外围”国家的工资和收入水平会在危机期间被压低。这样，在工资成本上，贸易周期的不断运动使制成品的价格相对上升。

4.3.4　战略性贸易理论

案例

战略性贸易政策提升了中国长期出口竞争力

【案例正文】

战略性贸易政策理论产生于20世纪80年代，对比较优势分工原则的确形成了挑战，因为这一政策蕴涵着这样一个理论逻辑和政策导向：即某国某一产业即使处于比较劣势或没有比较优势，通过政府干预仍可实现国际分工并取得贸易利益。自从该理论出现以来，对国际贸易理论体系以及包括中国在内的许多国家制定对外贸易政策产生了重大影响。

中国是世界贸易大国，但是从出口商品构成来看，中国能够大批量进入国际市场的主要是劳动密集型产品。这种贸易结构与中国的劳动力丰裕、工资成本低是相吻合的，并且在过去的一段时间内使中国获得了某些贸易利益。

虽然中国劳动密集型产品因工资低而劳动成本较低，发达国家进口会进一步提高其福利水平。但面对国内充分就业的压力，仍会以各种壁垒阻碍廉价的劳动密集型产品进入，从而使以劳动密集型和自然资源密集型产品出口为主的国家总是处于不利地位。事实上这种情况经常发生，例如中国的纺织品出口就已经在很大程度上受制于美国。

随着中国各种原材料、能源、劳动力等要素价格的持续上涨，加之中国人口老龄化等因素的影响，中国制造业低成本的优势逐渐消退。面对东南亚、南亚甚至非洲国家更具竞争力的劳动力优势的压力，如何使外贸更好地发挥其对经济增长的引擎作用，成为一个亟待解决的问题。随着世界科技革命和全球产业结构的深刻变化，发达国家和部分新兴市场科技与产业巨大的竞争优势进一步对中国的长期出口竞争力提出严重挑战。因此，实施科技兴贸战略，大力推动高新技术产品出口，加快中国出口产业的技术创新，全面增强国内出口企业的竞争优势，是中国外贸跨世纪发展的重大课题。

高科技产业在中国尚属于幼稚产业，为扶持其发展，根据战略贸易理论，在贸易政策方面政府应给予适度保护。首先，在关税方面，中国关税税率在不断下降，但政府仍应以有效保护率理论为指导制定适宜的关税税率，设置合理的关税结构，对高科技幼稚产业维持适度的高关税。其次，灵活运用进口配额、进口许可证、政府采购等非关税手段。对政府采购、进口配额和进口许可证实行招标制度，将招标的收入补贴消费者，尤其是被保护行业的下游工业。最后，对高科技产业的保护要有合理的期限。当被保护企业具备了一定的国际竞争力，应该逐步降低关税和非关税的保护作用，更多地使用生产补贴，这不仅能引进竞争机制，提高效率，而且还能针对不同的产业灵活实施有差异的补贴率，更好发挥政策对产业的作用。

【讨论问题】

分析战略性贸易理论对中国产业发展有何启示？

【参考答案】

从理论上讲，许多制成品的世界市场具有不完全竞争和规模经济的性质，所以，战略性贸易政策对发展中国家发展贸易和制定贸易政策有着积极的意义，对于经济迅速发展并迅速走向国际竞争市场的中国来说并不例外。

尽管许多产业中存在明显的规模经济，但是机械、电子、汽车、化工、医药、钢铁等行业都远未达到最优生产规模，这种状况将会极大地制约中国相关行业的国际竞争力。所以从根本上讲，仍然需要建立大企业集团，充分利用规模经济效应，以新的姿态参与国际竞争和国际经济合作。日、韩等国就十分重视通过产业政策引导大企业集团的发展，在政府支持的产业中培植企业集团。中国的汽车等行业应借鉴它们的经验，积极促进汽车行业的合并，大企业兼并小企业，大企业与大企业合并，使大企业合并成为支柱性的寡头企业，其他中小企业成为其配套企业。然后政府在国内和国际市场竞争中引导、支持它们，以最终达到战略性贸易政策的目标。当然，在这个过程中要警惕政府干预无效、特殊利益集团的出现以及道德风险问题，而应以本国企业快速成长为具有国际竞争能力的竞争者为主旨。

综合案例：美国国际贸易政策的演化

【案例正文】

2008年国际金融危机之后，美国重拾贸易保护主义政策，特别是2017年特朗普就任美国总统后，美国在“美国优先”的口号下，以美国人的就业为主线，公然违反自由贸易原则，实行单边主义、保护主义和经济霸权主义，在“公平贸易”政策的掩盖下以利己主义原则制定国际贸易政策，推行其所谓的“经济民族主义”政策。到了2021年，拜登就任美国总统后，美国传统政治回归，美国对外贸易政策势必迎来一系列的调整。基于中美贸易是长久博弈的缘由，中国有必要对美国对外贸易政策与策略进行深入的分析。

Global Trade Alert 统计数据显示，2009年至2019年，美国共有2 010项贸易保护主义干预措施，成为世界上采取贸易保护措施最多的国家。美国对包括中国、俄罗斯、欧盟等在内的众多贸易伙伴发起贸易战，加剧了全球贸易摩擦。除此之外，美国为了重建“伟大的美国”，甚至不顾经济发展规律，屡屡破坏政府边界直接对市场主体进行干预。

纵观国际贸易发展史，不存在完全无贸易壁垒或者仅有极少贸易壁垒的自由贸易，也不存在完全闭关锁国的贸易保护政策，所以一般所说的自由主义贸易政策和保护主义贸易政策实际上是一种动态的趋势。历史上，美国关于国际贸易政策的争论集中体现在美国是实行自由主义贸易政策还是保护主义贸易政策？总体而言，美国国际贸易政策的演化经历了保护主义贸易政策—自由主义贸易政策—新保护主义贸易政策的发展过程。

1.第二次世界大战结束前的美国国际贸易政策

第一个阶段从美国建国之初到第二次世界大战结束为止。建国初期的美国面临严重的经济危机，各州都有不同的贸易和关税制定标准，甚至相互之间设置壁垒。为此，1789 年美国颁布了第一部统一的关税法案，拉开了以关税作为保护手段的传统贸易保护时期的序幕。这一阶段美国的国际贸易政策表现得极为不稳定，更多的是以以高关税为特征的保护主义贸易政策为主。依据高关税政策的成熟程度，这一时期大致可分为以下几个阶段。1789—1861 年是美国国际贸易政策探寻摸索阶段，此时期美国的平均关税率在 20% 左右，其目的为偿还债务、获得经费、发展商船业；在对外贸易结构上，美国主要输出原材料，输入制成品。这说明美国虽然政治上获得了独立，但经济上严重依赖国外市场，马克思对此作过论述：“美国的经济发展本身就是欧洲特别是英国大工业的产物。目前的美国仍然应当看作是欧洲的殖民地”。1861—1913 年是美国高关税壁垒保护阶段，1861 年的南北战争使得美国只能依靠自己的资源，也不得不设法满足突然产生的对各种工业品的需求，而它要做到这一点只有建立本国的工业。所以此时期美国对内实行自由贸易，对外实行平均 40% 左右的高关税壁垒，促进了美国工业的发展。1894 年美国的制造业产值已经跃居世界第一，使得美国从一个农业和资源生产国转变为以资本和技术型工业为主的国家，这也说明美国作为一个大国在世界上崛起了。1913—1934 年是美国保护主义贸易政策变化阶段，此时期美国的关税时而急剧上升到 40% 以上，时而急剧下降到 20% 左右，这主要是因为 1929 年发生大萧条，大萧条期间美国的出口受到重创，1930 年美国胡佛总统签署了《斯穆特-霍利关税法》，增加了应纳税目并提高了税率，虽然在美国国内有 1 028 位经济学家签署了反对此项法律的请愿书，在国际上有 30 多个经济体也表示强烈反对，但是这项法律受到美国保护主义贸易政策的青睐，最终这一政策选择招来了贸易伙伴的报复，引发了严重的贸易战，美国的进口额和出口额从 1929 年的 44 亿美元、51.6 亿美元分别降低到 1933 年的 14.5 亿美元、16.5 亿美元，使得大萧条时期的美国雪上加霜，也加剧了世界经济危机。1934—1939 年，罗斯福时期的美国国际贸易政策走向了自由主义贸易政策的阶段。在大萧条之后，美国为了促进本国的生产和就业，将目光投向世界市场，1934年美国放弃保护主义贸易政策，实行《1934年互惠贸易协定法》，该法案确立了无条件最惠国待遇原则，这不仅意味着美国放弃了经济民族主义和经济孤立主义，扭转了贸易战的局面，而且意味着美国开始推行自由主义贸易政策，自此美国开始走上了全面对外扩张的道路，在世界市场上争取霸权地位。截至1945年，美国与27个国家签订了32个互惠贸易协定，降低了64%的进口关税税率，使美国关税税率在1930年水平上降低了40%。第二次世界大战后美国建立了布雷顿森林体系，形成美元与黄金挂钩、各国货币与美元挂钩的双挂钩体制。1947年关贸总协定的签署开启了第二次世界大战后国际关税互动机制。1962年，美国出台了进一步推动自由贸易的贸易扩大法。

2.第二次世界大战后的美国国际贸易政策

第二次世界大战之后，美国GDP占全球经济的比重达50%以上，已经成为全球最有影响力的经济体，也成了国际经济秩序和国际机构的建立者，1944—1947年美国先后推动了国际货币基金组织、世界银行、联合国、世界贸易组织的建立。在这样的背景下，美国为了开拓世界市场，在20世纪50年代力推自由主义贸易政策，开始构建以关贸总协定（GATT）为主的“功利性的多边主义”，也有学者将其称为“自我利益的多边主义”的自由贸易体系，美国将传统制造业逐渐转移至劳动力成本低廉的国家和地区，而将资本密集型和技术密集型产业留在了国内。然而到了20世纪70年代，虽然全球贸易增长高于产出，但是美国由于石油危机、货币和债务危机等众多因素陷入了严重的经济滞胀，同时西欧、日本等国家和地区经济开始崛起，美国的经济霸主地位受到挑战，对抗自由贸易的势力迅速发展。1973年《国际纺织品贸易协定》的发布标志着新保护主义抬头，美国的国际贸易政策在此时期充满摇摆性和矛盾性，即自由主义贸易政策和保护主义贸易政策交替运用，《1974年贸易改革法》即体现了这一点。该法使贸易体制从自由贸易转向公平贸易，其中的301条款规定美国总统有权对其认为不公平的贸易行为实施报复。除此之外，美国还对不同的经济体实行差异性的地区贸易政策和国别贸易政策以维护美国的经济利益。20世纪80年代，世界经济中出现了美国、西欧、日本三足鼎立的局面，同时一些新兴工业化国家迅速崛起，美国在贸易总量上开始出现逆差，在贸易结构上制造业失去了优势，美国的国际贸易政策出现了新的转折点。《1984年贸易与关税法》明确了美国要“向更自由和更公平的贸易方式迈进”，《1988年美国综合贸易法案》（以下简称《综合法案》）使得“公平贸易”成为美国制定国际贸易政策的基石，但是《综合法案》带有“浓厚的保护主义色彩”，是“公开与隐蔽的保护主义”。到了20世纪90年代，随着美国霸权地位的下降，美国贸易赤字逐渐加大。1997年全球经济动荡后，贸易保护主义的呼声此起彼伏，在全世界掀起了反全球化的浪潮。

3.新世纪的美国国际贸易政策

进入21世纪，美国贸易赤字继续迅速扩大，其中2006年美国贸易赤字达到顶峰为 7 617.16 亿美元，美国贸易赤字主要来源于货物贸易的赤字。小布什政府时期，美国面临恐怖袭击所引起的经济衰退，小布什政府采取保护国内产业、打开国外市场的“亲经济增长”的保护和自由相结合的贸易政策，其主要采取的手段有：直接使用关税壁垒，以公平贸易为掩饰实行反倾销和反补贴调查，加强使用以技术壁垒和绿色壁垒为主的非关税壁垒，签订双边自由贸易协定，呼吁人民币升值，对高科技产品实行出口管制等。2008 年全球金融危机后，美国的货物贸易和服务贸易进出口总额均出现历史新低，美国经济分析局官方网站数据显示，2009 年美国货物贸易进出口总额分别为 15 800.25 亿美元和 10 703.31 亿美元，服务贸易进出口总额分别为 3 868.01 亿美元和 5 127.22 亿美元，失业率高达 10%。本次贸易保护主义的背景环境与 20 世纪 30 年代大萧条时期存在显著差别，区别主要包括可供选择的宏观经济政策工具、国际贸易的约束规则、国际协调机制和应对金融危机经验等方面。这些差异决定了此次贸易保护与大萧条后各国大幅提升关税的极端情形有明显区别。在奥巴马执政时期，为了走出全球金融危机，美国政府提出了以“两反一保”为主的贸易保护政策，其主要手段为：提出“购买美国货”“重返亚太”等战略；通过主导跨太平洋伙伴关系协定（TPP）、跨大西洋贸易与投资伙伴关系协定（TTIP）等超大区域性自由贸易协定（FTA）制定新的贸易规则，将环境、劳工、国有企业、市场准入等约束性条款纳入国际规则；加强对反倾销和反补贴的调查，重新认定“特保”标准；完善以碳关税和知识产权壁垒为主的新型非关税壁垒；继续推动人民币升值等。更为严重的是，特朗普是美国单边主义政策的突出代表，2016 年特朗普在选举时为了获得更多的选票迎合美国“铁锈地带”的利益诉求，提出为增加就业的“重振制造业”及“美国优先”口号，并相应采取了“双反”“301 条款”“337 条款”等非关税措施以推动新一轮贸易保护主义，而忽略了其自身的制度缺陷和政策失误，认为美国产业的空心化、严重的失业等经济问题是由不公平贸易政策导致的。在《2018 年总统贸易政策议程》中更是提出要打击“不公平贸易”，提倡“公平贸易”，当美国面临贸易竞争时，以“公平贸易”为借口，指责他国存在“不公平贸易行为”，试图转移美国国内存在的压力。

【案例使用说明】

一、教学目的与用途

本案例适用于国际贸易政策概述部分内容的教学，通过案例讨论，使学生掌握国际贸易政策的作用和影响因素，思考一国贸易政策演变的内在逻辑，使学生充分理解一国国际贸易政策重要性以及如何应对贸易对象国的贸易政策转变。

二、讨论思考题

通过阅读、分析和讨论本案例资料，帮助学生思考和掌握下列具体问题：

1. 一国对外贸易政策的作用与影响因素分别是什么？

2. 思考美国贸易政策演变的内在逻辑。

3. 分析中国应对美国新贸易保护主义的措施。

三、分析思路

本案例的概念难度、分析难度和陈述难度均适中，适用对象包括国际贸易和国际商务专业的本科生。对于缺乏专业基础理论知识的本科生，可以根据教学大纲，有选择地引导阅读案例相关材料；对于缺乏实践经验的本科生，可以引导其将所掌握的理论知识运用于本案例中每一个具体问题的分析，对案例中争论的焦点问题，作出自己的是非判断，锻炼其解决实际问题的能力。

四、思政启示

美国政府在“美国优先”的口号下，随意退出自贸协定，通过国内立法阻止外国科技产品进入国内。这些做法违反了国际法治精神，缺乏国际社会责任感。我们应该以此为鉴，重视自身法治素养和社会责任的培养，为保持良好的社会秩序贡献应有的一份力量。

第5章 对外贸易措施

开篇案例

【案例正文】

某年4月，A国国务卿宣布，国务院将开始要求所有进出A国外交设施的5G网络流量实行5G清洁路径计划，要求禁用一切被认为“不可信”的IT供应商（包括中兴和华为）通过包括传输、控制、计算或存储设备在内的方式接入任何国家和运营商的5G网络。该计划被纳入当年6月推出的清洁网络计划（Clean Net Work）当中。随后的8月，A国国务院宣布将扩大清洁网络计划以保护A国的资产与安全，涉及运营商及其设备、应用程序商店、应用程序、云基础架构和海底电缆5个领域。至此，清洁网络计划基本覆盖全供应链生态闭环，旨在防止所谓互联网企业对A国主导的互联网世界形成颠覆，最终维护A国的数字霸权。令人颇为关注的是，在应用程序和网络云以及电缆系统领域，包括华为和BAT在内的我方企业成为针对的对象。有分析认为，该计划每个项目直接针对我方公司，是为了针对我方而设置的。总而言之，就是要在互联网领域与我方划清界限，使其完全“干净”。

清洁网络计划本质上是一种以供应链安全为由设置的非关税壁垒。清洁网络计划声称要从电信服务、程序商店、应用软件、云服务、电缆以及5G等方面全方位排斥我方信息产业产品及服务。即只要不是我方供应商就是“清洁”的，只要是A国看不惯的就是“不清洁”的。但是，A国对于“清洁”的判定不是对技术进行客观评判，而是以技术来源方的身份属性作为主要判定标准。因此，清洁网络计划可被视为A国从全供应链角度对我方网络产业的精准打压。

清洁网络计划基本覆盖全供应链生态闭环，是A国在对我方网络产业长期研究和深度解剖基础上提出的精准打击策略，可以看作其实现数字霸权的一种工具或手段。A国动用其国家力量采取单边行动对我方企业进行围堵，目的是防止我方互联网企业对A国主导的互联网世界形成颠覆，最终目标仍是维护其数字霸权。

从本质上来说，清洁网络计划是A国维护其数字霸权的重要举措，是其以供应链安全为由设置的一种非关税壁垒，其最终目标是维护A国的数字霸权。需要指出的是，清洁网络计划是在我方互联网产业对A国数字霸权形成挑战的背景下，所采取的一种非常态化的手段，其核心特征就是尝试颠覆性地重构规则，迫使各方以意识形态等非技术因素进行重新站队，继而扭曲和干扰全球市场的正常秩序。

华为、中兴等我方企业不是第一批受害者，在此之前，东芝、阿尔斯通、空客等，无论其所在母国与A国的关系如何，均因自身在相关行业取得的成功，而遭遇来自A国的霸凌和打压。

A国此次制订清洁网络计划对包括华为在内的我方企业的打压是美国霸权行径的自然延续。在国际战略竞争加剧的今天，我方成为了A国的针对对象。未来如果其他国家与A国存在类似的战略竞争，A国仍很有可能对其他国家采取同样的措施；甚至在某种极端情况下，如果此类行为模式未能得到有效的矫正继而获得了某种事实上常态化的认可，即使没有形成战略竞争的局面，只要A国不满意自身在相关产业所获得的收益，就可以用类似的方式，通过施压来获取额外的收益。

【涉及的问题】

对外贸易措施包括哪些类型？哪些类型是明显的？哪些类型是隐秘的？通过本章的学习，可以了解关税和非关税壁垒的性质、类型和特点，探讨部分对外贸易措施的隐秘性。

5.1 关税措施

案例

《洛美协定》的影响

【案例正文】

欧洲经济共同体（以下简称欧共体）与其在非洲等地的原殖民地独立后的国家签订的《洛美协定》所使用的优惠关税是发达国家给予发展中国家的普遍优惠制关税，属特惠关税，而且是单向的，税率由给惠国单方面决定。这对于世界政治经济秩序、南北关系以及国际贸易规则等方面产生了重大而又深远的影响。

《洛美协定》于1975年2月28日由非加太地区46个发展中国家和欧共体9国在多哥首都洛美开会签订，1976年4月1日正式生效。其基本内容为：（1）非加太国家的全部工业品和96%的农产品进入欧共体时，享有免税、不限量的优惠，而欧共体不要求给予反向优惠。（2）欧共体设立稳定出口收入基金，在非加太国家12种初级品出口价格下跌而造成损失时给予补偿。（3）共同体在5年内向非加太国家提供30.9亿欧洲货币单位的援助。（4）增加共同体与非加太国家间的工业合作。

1979年10月31日，由欧共体与58个非加太国家签订第二次《洛美协定》，1980年4月起生效。其优惠条件进一步放宽，主要有：（1）接受稳定出口收入基金补贴的初级产品增至44种。（2）稳定出口收入的范围扩大至矿产品。（3）提供的财政援助总额提高至56.07亿欧洲货币单位。

1984年12月8日由欧共体与64个非加太国家签订第三次《洛美协定》，有效期为5年。协定又新增了内容，主要有：（1）取消对非加太国家某些重要产品的强制性规定，即制成品价值的50%以上为原产国产品。（2）同意按优惠价向非加太各国出售剩余食品。（3）增加财政援助总额提高至85亿欧洲货币单位。

1989年12月15日在多哥续签第四次《洛美协定》，有效期为10年。其主要内容如下：（1）放宽对非加太地区国家产品进入欧共体市场的限制，这些国家的制成品凡在其本国的增值部分达45%者即可进入欧共体市场，其享受专项资助的出口产品增加黄金和铀两项；欧共体自1992年起对非加太地区国家开放酒类市场，并减少对其农产品进口限制，且不要求这些国家退还按有关规定已索取的价格补偿。（2）从总财政援助中拨付18%专门用于支持非加太地区国家实施经济结构调整计划。

2000年2月3日，第五次《洛美协定》签署，有效期20年。其主要规定是：民主、人权、法治和良政为执行该协定的基本原则，欧盟有权中止向违反上述原则的国家提供援助；欧盟逐步取消对非加太地区国家提供单向贸易优惠政策，代之以向自由贸易过渡，双方最终建立自由贸易区，完成与世界贸易组织规则接轨；欧盟将建立总额为135亿欧元的第九个欧洲发展基金，用于向非加太地区国家提供援助。

【讨论问题】

1.《洛美协定》的作用是什么？

2.优惠关税的实施对发展中国家和地区扩大出口产生的影响是什么？

【参考答案】

1.《洛美协定》是欧洲经济共同体向参加协定的非洲、加勒比和太平洋地区的46个发展中国家单方面提供的特惠税。《洛美协定》为改善发展中国家出口产品的竞争能力，促进这些国家的工业化提供了较为有利的条件。

2.关税优惠政策为发展中国家扩大本国产品出口以及壮大本国经济实力提供了强大的动力，主要表现为：（1）增进发展中国家出口销售。发展中国家出口产品在进口国取得关税减免，产品成本下降，竞争力增强，可增加进口商的销售积极性，从而推动发展中国家企业增加出口，多创外汇。(2) 可适当提高售价。在一般情况下，减免关税的直接益处由进口商获得，发展中国家出口商则通过出口量的增加得到收益。但对于质量稳定、市场紧俏的商品，出口商可与进口商谈判，适当提高售价，分享关税减免优惠。(3) 可吸引外商来发展中国家投资建厂。发展中国家出口产品可享受进口国家的关税减免优惠，可吸引一些发达国家来发展中国家投资建厂，其生产的产品出口到这些国家时就可能获得关税减免，从而在国际市场上占据竞争优势。(4) 可加速推进发展中国家出口产品国产化进程。出口产品享受关税优惠政策，必须符合相关的原产地规则的要求。对于含有进口成分的产品，在取得原产地资格时，都要求国产原料比例在规定范围内。这就使一些采用进口零部件的出口企业，要想使出口产品得到关税优惠，必须国产成分比例达标。这就促使一些国外厂家将部件的生产转移到发展中国家国内。

5.2 非关税壁垒

5.2.1 非关税壁垒的特点

案例

知识经济背景下的国际贸易壁垒

【案例正文】

进入21世纪，随着WTO谈判成果在贸易自由化领域内的扩大以及各国经济的发展、科技的进步，贸易壁垒呈现出一系列新的变化特征。随着知识经济的深化发展，贸易壁垒的基础由传统的政策手段升级为技术和知识等“新经济”时代的手段。这些新措施包括：WTO的《技术性贸易壁垒协议》允许成员基于合理的目的而采取技术壁垒措施；为了保护环境和人类的生命安全而采取环境壁垒；在服务和投资领域形成的限制过分自由化的措施；随着投资的不断发展而形成的“反规避”措施等，这些都是在新时期、新的历史条件下形成的较为复杂的贸易壁垒。

非关税壁垒措施随着国际贸易环境的变化，其表现形式“推陈出新”，并发挥着自身独特的作用。当前，随着中国对外贸易地位迅速提升，非关税措施的作用变得越发不可小视。

技术性贸易壁垒日益成为非关税壁垒“主角”。在科技不断创新、消费者对产品安全及品质要求提升、国际商业活动日趋活跃以及社会与环保议题更加受到重视等背景下，以技术性贸易措施为代表的新型非关税措施大量涌现，并被广泛采用。它们对国际贸易的规模及流向产生了相当复杂的影响，也使得非关税措施的运用出现了前所未有的变化。在众多的非关税措施中，技术性贸易措施（包括技术性贸易壁垒和动植物卫生检验检疫）、海关及行政管理程序、市场准入中与竞争有关的限制性措施、进口许可、补贴、贸易救济措施（包括反倾销税、反补贴税、保障措施）等，构成了国际贸易的主要壁垒。

如同技术的扩散一般，许多非关税壁垒措施起初是由发达国家发明并率先使用的，其中一些技术含量不高的非关税壁垒不久就被发展中国家“效仿”而成“泛滥”之势，如“反倾销”就是如此。而发达国家不断地凭借自己法治健全、技术领先等优势再研制和创造新的工具，致使非关税措施由传统措施向非传统措施转移，在选择贸易政策工具时各国已经拥有了某种“经验性”的模式。

要应对非关税措施的演变及影响，必须加强对非关税措施的研究，特别是要对 WTO 规则这本“洋经”进行透彻研究。密切关注主要贸易伙伴，对可能产生的影响进行详细而科学的评估和分析。特别重视新形势下出现的与“标准”有关的非关税措施，了解和研究各种国际标准，包括质量标准、技术标准、环保标准等。

【讨论问题】

1. 非关税壁垒与关税壁垒相比具有哪些特点？非关税壁垒措施主要包括哪些？

2. 中国应该如何应对外部发起的各项非关税壁垒措施？

【参考答案】

1. 非关税壁垒与关税壁垒相比具有如下特点：（1）非关税壁垒措施比关税壁垒措施具有更大的灵活性。（2）非关税壁垒比关税壁垒措施更有效。（3）非关税壁垒措施隐蔽性较强。（4）非关税壁垒措施有明显的针对性与歧视性。非关税壁垒措施主要包括：进口限额制、进口许可证制、“自动”出口限额制、出口许可证制、对进口商品制定严格的海关手续、通过外汇管制间接地限制商品的进口、对进口货物征收国内税、制定购买国货和限制外国货的条例、复杂的海关手续、繁琐的卫生安全质量标准以及包装装潢标准等。

2. 一是加强对相关信息的采集和反应速度，建立预警机制。政府部门应该对非关税壁垒给予足够的重视，健全对各种壁垒的信息采集机制和反应机制，发布定期或不定期的预警信息，让企业能针对这些信息积极进行产品调整等，避免信息获取不到位造成损失。对重点出口国家和地区的相关信息要保持高度的敏感，了解国际动向，积极应对各种非关税壁垒。

二是要倡导绿色环保理念，加快技术创新，提高产品的科技含量。政府和企业应该一起采取有效的手段，将绿色产业概念融入产品中，增加技术投入和科技创新，开发符合标准的优质绿色产品。将非关税壁垒看成一种机遇，以优质绿色产品冲破国际上的各种壁垒，提高国际竞争力。完善相关的法律法规和政策，尤其是环境标志认证制度，为企业的发展创造一个良好的发展环境。企业也要积极响应政府号召，加强技术研发特别是加强关键技术的研发，不断开发新材料、新能源、新工艺、新配方、新方法。推出新产品，从而提高产品科技含量，促使产品结构向高新技术产品和高附加值产品转型。

三是要充分发挥行业协会的作用。在市场竞争中，外贸企业单打独斗的营销方式并不适合加入世界贸易组织后参与国际产品市场竞争的需要。可以通过行业协会这条政府和企业之间的纽带，帮助生产者协调出口价格，使中国产品压价竞争、自相残杀的情况减少，还可以在对外宣传、谈判、销售等方面提供服务，承担大量产前、产后的工作。此外，还可以通过跟踪外国非关税壁垒措施的变化动向，使企业及时掌握国外市场贸易壁垒信息。

5.2.2 非关税壁垒的主要种类

案例 1

A国对我方三种纺织品实施配额限制

【案例正文】

某年5月A国商务部部长宣布，A国政府已决定对我方3个类别服装产品重新实行配额限制。这一决定是由A国商务部负责的纺织品协议执行委员会作出的，受限制的3类产品分别为棉质裤子、棉织衬衫和内衣裤。根据这一决定，这3类我方产品进入A国市场的数量在当年最多只能增长7.5%。

我方商务部新闻发言人对此表示坚决反对，指出我方该3种产品对A国出口并没有造成市场扰乱，A方的做法违背了世界贸易组织关于纺织品和服装的协定，背离了世界贸易组织倡导的贸易自由化的基本精神，损害了我方企业应得的利益，并表示我方政府将保留在WTO框架下采取进一步措施的权利。

按照A国官方的说法，在全球纺织品配额制度废除之后的短短4个月中，我方对A国的纺织品出口额激增，极大地冲击了A国本土纺织业，如此种情况一再持续下去，将出现A国政府非常不愿意看到的对于单一国家产生依赖的恶化情况。这些理由冠冕堂皇，听上去似乎相当有道理，只是让人质疑的依然是时机问题。如果A国一意孤行，那么我方的报复行为也会随之而来，接着就是新一轮的所谓“贸易战”，这种轨迹几乎是理所当然的。而同时欧洲也在对我方纺织品进行调查，我方纺织品行业瞬间成为西方人眼中的怪兽，横冲直撞凶猛无比。

廉价劳动力、廉价生产成本和相对高质量的产品使得我方在诸如纺织业等劳动密集型行业中几乎成为一种势不可挡的强大力量。在出口方面过于依赖劳动密集型产业很明显是我方的致命点，因为在这方面我方仅仅是强大而不是不可替代。如果懂得面对现实，我方应该在类似纺织品行业的对外贸易中学会一定程度的忍让。更要明白的是，西方真正恐惧的并不是我方在劳动密集型行业上的优势，而是自由贸易中我方比重过大后，随之而来的“中国依赖症”，还有就是劳动密集型行业优势最终转换为知识密集型行业优势的潜在可能。所以，对于类似纺织业出口的限制不会是持久性的，只要我方作出相对的让步，在全球贸易中，仍然可以在保持绝对优势的前提下，缓解当前的贸易危机。而对我方自身来说，如何尽快地发展知识密集型产业并使之在出口贸易中的比重迅速提高才是解决问题的根本之道。

【讨论问题】

1.本案中采用了何种进口配额？

2.A国对华发起的此种壁垒措施会产生哪些影响？我方企业应该如何应对？

【参考答案】

1.根据案例中的线索“将受到限制的3类产品分别为棉质裤子、棉织衬衫和内衣裤。根据这一决定，这3类我方产品进入A国市场的数量今年最多只能增长7.5%”可以了解到，本案中采用的是一种绝对配额中的国别配额。

2.进口配额制会严重影响外国同一产业的企业对本国的出口。实行进口配额制是因为本国产业尚不成熟，产品生产成本高，竞争力弱，技术落后等。

如果实行进口配额的是一个贸易小国，那该国由于配额而减少进口不会影响世界价格而只会引起本国价格的上涨。如果配额使进口商品价格上涨的幅度与征收进口关税相同，那配额所产生的消费效应、生产效应、贸易效应与关税的局部均衡效应完全相等。如果实行进口配额的国家是一个贸易大国，那么该国由于配额限制了外国产品进入本国市场，就会造成国际市场商品充斥，导致国际市场价格下跌。这样，该国会不会因此而改善贸易条件，产生贸易条件效应？这要做具体分析。在实行配额的条件下，即使国际市场价格下跌，该国也不会增加进口，因此，外国出口商就不会也无法通过降价的办法来扩大出口，对该进口国就会维持原有的价格水平，甚至可以借机提价，在外国出口供给弹性较大的情况下，尤其会这么做。但是如果外国出口供给弹性较小而又十分依赖于该大国市场，那该大国实行配额控制进口，就可能改善该国的贸易条件，致使出口国贸易条件恶化。

在经济一体化浪潮席卷全球的时代背景下，尽管自由贸易仍然是当今国际贸易的主流，但不同程度的进口限制措施在实际贸易中也十分常见。因此，中国出口企业在向进口限制较多的国家出口货物时，应提高敏感度和警觉性，密切关注进口国的相关规定，做到心中有数，谨慎交易，不仅要想方设法化解，更要采取积极应对措施。我方企业应该这样应对：一是要注重收集信息，建立预警系体系。出口企业在与国外进口商进行贸易前，除常规资信调查外，应充分了解进口国对国外进口商品的特殊标准和限制措施，以及这些标准和限制措施在实际贸易过程中可能遇到的问题和风险，做到心中有数。同时，出口企业还应密切跟踪这些特殊标准和限制措施的变动情况，建立风险预警体系，及时调整出口策略。二是要警惕拒收风险，积极耐心沟通。当国外进口商通知出口企业由于当地限制进口措施而无法付款提货时，出口企业应提高警惕，首先立即核实货物状态，避免货物由于超过清关期限而被海关拍卖。其次，出口企业应与当地主管部门联系，并核实限制进口措施是否属实，以排除国外进口商恶意拒收的风险。如遇到进口国特殊标准和限制措施的突发变动，出口企业应冷静对待，耐心地与国外进口商沟通，争取通过友好方式解决问题。三是要投保信用保险，保障收汇安全。

案例2

1984年A国大选与B国自愿出口限制

【案例正文】

20世纪60年代，外国汽车在A国国内市场份额维持着不到7%的稳定水平。进口汽车主要来自B国和欧洲C国，其市场份额直到1968年时都只有1%左右。在此背景下，汽车三巨头（通用、福特和克莱斯勒）将低利润的小型汽车市场割让给了外国生产商，自己更加集中地主打利润更高的中型和大型汽车。而到1973年时，受第一次石油危机的影响，由于国际石油垄断公司对油价的控制，石油价格长期维持在高位。石油价格冲击将消费者需求转向更小、更便宜、更省油的汽车车型时，A国汽车三巨头的策略彻底失灵了。1979年的第二次石油危机带来的油价冲击对国内生产商造成的损害要远甚于前一次石油危机的冲击。三巨头均遭受了巨大的经济损失，它们削减了生产，约30万汽车工人因此失业，而其供给链上的产业则有更多工人失去工作。

三巨头没有小型汽车车型的深加工生产线，只能眼睁睁地看着国内汽车市场的外国份额在1975年至1980年间几乎翻了一番，其中尤以B国为甚。此时，A国两位总统候选人都承诺将为汽车产业提供某种形式的援助。众议院也通过了一项决议，授权总统就B国出口限制问题展开谈判。A国某州共和党参议员约翰·丹佛斯提出一份议案，要求对从B国进口的汽车数量限制在每年160万辆。在所有选项中，作为总统候选人之一的里根最赞成的是让B国自愿限制其汽车出口这一想法，因此也就采取了这种办法。

在受到里根政府的压力之后，B国很快就宣布将对A国汽车出口限制在每年168万辆，这比1980年的出口量减少了近8%。自愿出口限制从1981年4月至1984年3月生效3年，不过出口限制仍有可能在此期间增加。1984年的大选是里根决定要求B国续签自愿出口限制的原因之一，因为他不希望因解除限制而失去中西部工业地带的大量选票。随着经济复苏和汽车销售的反弹，自愿出口限制在1984年和1985年对B国汽车销售形成了约束性限制，不过出口限量提高到了185万辆。

出口国普遍更愿意实施“自动”出口限制，而不愿被迫面对进口国的关税或配额。在自愿出口限制的情况下，出口商可以从配额租金中获利，即他们可以因出口受限而在受保护市场中提高价格，从而获得额外收入。1981年和1982年，当严重衰退抑制了人们对汽车的需求时，汽车自愿出口限制可能没有对B国的出口产生什么约束力。因此，出口限制最初未能给国内生产商带来太大帮助。

【讨论问题】

为什么出口国普遍愿意接受“自动”出口限制？

【参考答案】

出口国普遍更愿意实施“自动”出口限制，而不愿被迫面对进口国的关税或配额。在自愿出口限制的情况下，出口商可以从配额租金中获利，即他们可以因出口受限而在受保护市场中提高价格，从而获得额外收入。1981年和1982年，当严重衰退抑制了人们对汽车的需求时，汽车自愿出口限制可能没有对日本的出口产生什么约束力。

案例3

美国的《购买美国产品法》

【案例正文】

歧视性政府采购政策是指国家通过法令和政策明文规定政府机构在采购商品时必须优先购买本国货。这种政策实际上是一项对外国商品的歧视性政策，能起到限制进口的作用。目前，某些国家歧视性政府采购政策限定的货物主要包括：军火、办公设备、电子计算机和汽车等。

美国自1933年开始实行的《购买美国产品法》是一种典型的政府采购政策。该法案规定，凡是美国联邦政府采购的货物都应该是美国制造的，或是用美国原材料生产的。凡是商品的成分50%以上是国外生产的就被称为外国货。以后又作了调整，规定只有在美国自己生产数量不够或国内价格过高，或不买外国货有损美国利益的情况下，才可以购买外国货。该法案直到关贸总协定的"东京回合"，美国签订了政府采购协议之后才被废除。英国、日本等国也有类似的制度。

《购买美国产品法》诞生于美国经济大萧条时期，该法案的实施为消除国内经济动荡、缓解失业率激增起到了重要的作用，成为促进美国经济复兴的一支强心剂。经济危机解除后，该法案并未取消，反而在利益集团的推动下不断强化，也使购买国货从最初的临时应急措施演变为美国政府采购制度的一项基本原则。该法案分别于1954年、1962年和1988年经过几次修订，至今已实施了80余年。除此之外，第二次世界大战时期美国还实施了《贝瑞修正案》，要求美国国防部在采购食品、纺织品以及特殊金属时，必须优先考虑采购本国产品。购买国货条款的实施取得了显著的效果。据2008年的一份调查报告，美国联邦政府在高速公路上的投资，每10亿美元就能够解决3.5万名美国民众的就业问题。而在高速公路建设方面所需要的钢铁、建材、水泥和电缆等各个行业的产品或服务的供应商，主要来自美国国内。

近年来，美国经济一直萎靡不振。为刺激经济复苏，美国政府在2008年全球金融危机之后再次提出了购买国货的《2009年美国复兴与再投资法案》（以下简称《复苏法案》），该法案的第1640条明文规定：在不违背对国际协定的承诺的前提下，由本法案出资的公共工程项目必须使用美国生产的钢铁和其他制成品。国土安全部所使用的服装和任何纺织品也都必须购买美国货。这个被美国专家学者批评为"有毒"的条款，再一次成为美国摆脱经济困境的救命稻草。从世界经济贸易的价值层面来看，《购买美国产品法》为美国撬开他国政府采购市场赢得了宽广的回旋余地。

【讨论问题】

政府歧视性采购政策有何作用？

【参考答案】

政府歧视性采购政策是指某些国家通过法令或虽无法令明文规定，但是实际上要求本国政府机构在招标采购时必须优先购买本国产品，这种政策实际上是歧视外国产品，起到了限制进口的作用。政府歧视性采购是政府实施国家战略和经济发展规划的有力工具，也可以作为加强各国贸易和竞争政策、经济和环境政策指导和控制的政策工具。政府可以通过该政策达到扩大内需、促进产业技术发展、扶持中小企业等经济目的，还可以达到帮助弱势群体、保卫国家安全等政治目的。

案例 4

美国发起的技术性贸易壁垒

【案例正文】

历史上，美国和欧盟、日本在技术领域的竞争非常激烈，最典型的案例是日本“东芝事件”和欧洲“空客公司监听案”。1987 年，日本东芝集团旗下的东芝机械被揭露偷偷向苏联出口降低潜艇噪声的数控机床。随后美国发起了对东芝机械公司的调查以及对日本的经济制裁。

1985 年美国半导体行业协会（SIA）向美国贸易代表办公室（USTR）提起有关日本半导体企业倾销的诉讼，由此美国对日本电子产品发起了“301 调查”。1986 年美国与日本签订《美日半导体协议》，要求约束日本的倾销行为，限制日本半导体对美国的出口，并鼓励日本将美国半导体产品的市场份额增至 20%。1991 年第一个为期 5 年的《美日半导体协议》到期，美日又签订了第二个 5 年协议，同时进一步扩大美国半导体产品在日本的市场占有率。之后，美国半导体企业逐渐恢复市场竞争力，于 90 年代中期超越日本半导体企业的全球市场占有率。

日本半导体产业在 20 世纪 80 年代的飞速发展挑战了美国在先进技术上的领导力，因而受到美国的调查与制裁，被迫通过与美国签订半导体协议的方式，一方面减少对美的半导体产品出口，另一方面保证美国半导体企业在日本的市场份额。这些行为反映了美国对自身经济霸权的护持，尤其是面对自身技术优势的相对衰落时，美国通过加征关税和签署协议等方式，限制日本电子产品的出口和半导体产业的发展。

美国就“东芝事件”对日本展开贸易调查与经济制裁的时间线，正与日本半导体产业腾飞的时间脉络重合，由此可以窥见美国在“东芝事件”背后的真实意图。需要指出的是，美国对日本半导体行业的打压方式，就是摧毁日本半导体行业的成品制造能力，然后迫使日本转向配件化的制造业上端移动，生产诸如光刻胶之类的配件。

这种移动看似伴随技术进步，但在国家层面上意味着日本以及日本相关企业在全球产业体系中的地位被大幅度边缘化，失去了自主性，只有在配合美国的产业链封锁或者排挤战略时，才能真正发挥实质性的作用，否则只能在日韩之间的有限度争端中起到有限度的作用。

此外，美国还常常以技术管控、出口禁令等方式对企业实施精准打压，以大疆和华为案为典型。2018 年 8 月特朗普签署美国《2019 财年国防授权法案》，该法案第 889 条要求，禁止所有美国政府机构从华为购买设备和服务。随后，美国对华为的打压不断升级，美国将华为列入商务部“实体清单”，禁止美国企业向华为出售芯片。2020年5月15日，美国商务部宣布将通过限制华为使用美国技术和软件在国外设计和制造其半导体的能力，以保护美国的“国家安全”。

【讨论问题】

美国实施技术性贸易壁垒的主要原因是什么？

【参考答案】

维护本国的利益。虽然为了推进经济全球化和贸易自由化的发展，各国在乌拉圭回合谈判中承诺进一步降低关税和在保持现状下逐步消除各种非关税壁垒。但现在国际竞争日益激烈，美国为了维护本国的贸易利益，在逐步取消明显有违WTO精神的一些传统的非关税壁垒的同时又不断推出更为隐蔽的技术性贸易壁垒，而且名目繁多，要求越来越苛刻。

综合案例：美国贸易政策给世界经济增添下行风险

【案例正文】

美国政府无视其国内和国际舆论的反对声音，近年来屡次对中国输美商品加征关税，且越来越变本加厉。出于捍卫自身合法权益，中国不得不同步采取反制措施。国际舆论普遍担心，美国采取的单边主义贸易政策给世界经济增添下行风险，同时将给美国消费者和生产者带来更大损害，是典型的损人不利己行为。

1.关税是一种惩罚美国消费者和生产者的税收

2018年，美国宣布新一轮对中国输美商品加征关税后，立即招致了美国舆论的广泛谴责。美国《华尔街日报》报道称，加征关税将影响从行李箱到海鲜水产等数千种商品，更多美国消费者将受到影响。美国零售业领导者协会负责国际贸易的副总裁表示：“对于向美国消费者每天购买的数百万种产品加征关税的决定，我们感到极其失望。一言以蔽之，关税就是对美国家庭征税。受加征关税影响的是美国消费者。”

在《今日美国》网站发表的题为《特朗普针对中国的关税最终将伤害美国自己》的文章中，有美国农民质问：为什么我们有最好的农产品却卖不出去？俄亥俄州的大豆种植者吉布斯对美国《新闻周刊》表示，“贸易战对这里的大豆种植者造成了毁灭性影响”“我们的价格下降了20%”。有美国参议员在社交网站上写道：“关税是一种惩罚美国消费者和生产者的税收。”临近10月，美国将迎来节日消费季。普通美国消费者担心，加征关税之后，他们将难以有余钱购买涨幅高达10%~25%的商品。

美国全国广播公司财经频道报道称，在美国，计划关闭工厂、解雇员工、搁置新计划或提高价格的公司名单持续增长。宝马和通用汽车均以书面形式向美商务部发出警告。南卡罗来纳州表示，该州可能会丧失近4 000个新工作岗位。沃尔沃汽车公司首席执行官萨缪尔森表示，“贸易壁垒和限制”将阻止其创造“计划中的就业机会”。《华盛顿邮报》援引一项调查称，在中国的430多家美国公司中，近2/3表示其业务“受到了损害”。近一半的公司表示，生产成本“已经攀升”，对其产品的需求在下降。

2. 贸易战注定失败

比加征关税对美国负面影响更令人担忧的，是美国政府不负责任的行为将对全球经济产生的冲击。《日本经济新闻》文章称，由美国政府挑起的贸易争端连锁反应可能在全球范围内筑起高墙。如果高关税导致国际分工的平衡被打破，很可能造成价格剧烈波动以及失业增加，这对世界经济来说是巨大风险。“在需要国际协调的时候，美国政府却在不断破坏多边体制，这是很可怕的。”西班牙一家媒体网站文章称，美国的保护主义措施将给世界带来极为严重的影响，一旦付诸实施，可能将世界经济拖入深度萧条中。深度依赖世界市场的美国各产业没有欢欣鼓舞的理由。

“贸易战注定失败。”《华盛顿邮报》从经济周期的角度分析认为，美元升值将扩大美国的贸易逆差，美国使自身陷入了一场“没有胜利的冲突”。英国《金融时报》社论称，美国政府升级对华关税措施并不可取。文章认为，美国总统死死抱住一个“错误信念”，那就是收窄双边贸易逆差是中心政策目标，而贸易战是达到这一目标的途径。实际上，这种非常狭隘的衡量标准，摧毁的是创造价值的全球供应链，削弱的是美国以及全球经济。法国《回声报》社评文章认为“美国是在世界范围内制造贸易混乱”。

【案例使用说明】

一、教学目的与用途

本案例适用于国际贸易政策措施的教学，通过案例讨论，使学生掌握国际贸易政策得以实现的各种措施，并分析这些政策措施的经济效应。

二、讨论思考题

通过阅读、分析和讨论本案例资料，帮助学生思考和掌握以下具体问题：一国关税对于该国经济发展来说起什么作用?

三、分析思路

本案例的概念难度、分析难度和陈述难度均适中，适用对象包括国际贸易和国际商务专业的本科生。对于缺乏专业基础理论知识的本科生，可以根据教学大纲，有选择地引导阅读案例相关材料，对于缺乏实践经验的本科生，可以引导其将所掌握的理论知识运用于本案例中每一个具体问题的分析，对案例中争论的焦点问题，作出自己的是非判断，锻炼其解决实际问题的能力。

四、思政启示

美国政府无视国内和国际舆论的反对声音，无视WTO法律框架，近年来多次对中国输美商品采取关税升级措施。为捍卫自身合法权益，中国政府不得不采取反制措施。美国采取的单边主义贸易政策给世界经济增添下行风险，同时将给美国消费者和生产者带来更大损害，是典型的损人不利己行为，缺乏法治观念和国际社会责任，不是负责任的大国应该有的风范。

第6章　经济增长、经济发展与国际贸易

开篇案例

【案例正文】

对外贸易是拉动经济发展的三驾马车之一，在中国“双循环”新发展格局中有着极其重要的地位。习近平总书记在中国共产党第二十次全国代表大会上的报告提出：推进高水平对外开放，稳步扩大规则、规制、管理、标准等制度型开放。可见对外贸易的重要性。

对外贸易促进经济发展的作用明显。纺织服装品出口是中国贸易创汇的重要来源，直接涉及国内经济发展和居民就业。新型冠状病毒感染暴发以来，纺织服装行业逆势增长，纺织出口实现两位数增长。对外贸易行业重点类别、重点领域和主要业态也表现突出，特别是在中欧班列高效运行的推动下，促进了中国产业链和供应链的国际接轨，并带动了跨境电子商务行业发展迅速，使得跨境电商出口成为主要趋势，而数字化技术进一步推动了贸易的数字化。在当前全球经济形势低迷，环境复杂的背景下，跨境电子商务行业的发展给中国经济发展增添了重要抓手，对外贸易给经济增长带来的重要推动作用持续发挥。

进入2022年，新型冠状病毒感染仍然在中国多个重要城市持续蔓延。中国政府有效协调了疫情防控和经济社会发展，出台了一系列稳外贸措施，实现了对外贸易的良好发展势头，对国民经济的贡献明显增强。国家统计局数据显示，2022年上半年中国货物贸易净出口2.48万亿元，同比增长57.5%，对经济增长带来积极的贡献；进出口实绩企业达50.6万家，同比增加5.5%，继续发挥保障就业的作用。

【涉及的问题】

根据宏观经济学关于支出法核算GDP的内容，对外贸易是拉动中国经济的三驾马车之一。那么，从国际贸易课程的视角，国际贸易是如何拉动经济增长和经济发展的？不同经济发展类型又该如何选择国际贸易战略呢？通过本章学习，我们可以深入探究上述问题。

6.1 经济增长与贸易变动

6.1.1 经济增长的原因

案例

中国3D打印技术不断发展

【案例正文】

3D打印是集材料、3D打印设备研发以及下游应用于一体的产业。上游为3D打印材料研发制造层，包括辅助运行（三维扫描仪、控制软件等）、基础配套（步进电机、芯片等）和打印材料（钛合金、金属粉、尼龙材料等）。中游为3D打印设备研发制造，下游为应用领域，3D打印主要应用场景在航空航天、模具铸造、生物医疗、汽车等领域。

3D打印设备分为桌面级、工业级。桌面级主要指3D打印技术的初级阶段与入门阶段，直观地阐述了3D打印技术的工艺原理。工业级3D打印机分为快速原型制造和直接产品制造。它们在打印精度、速度、尺寸等各方面都有所不同。3D打印常用材料有尼龙玻纤、耐用性尼龙材料、石膏材料、铝材料、钛合金、不锈钢、镀银、镀金、橡胶类材料。

目前全球已经发展至金属3D打印、高分子3D打印、陶瓷3D打印以及生物3D打印技术。中国主要在层压、激光灯方面发展3D打印技术。近年来中国生物3D打印技术不断发展，进而也推进了3D打印医疗器械、人工组织器官的临床转化进程。

中国3D打印发展至今，呈现出不断深化、不断扩大应用的态势。近年来，中国3D打印产业规模实现稳步增长。目前中国3D打印领域相关企业超过500家，产业规模已达100亿元，增速略微放缓至25%左右。

3D打印应用领域比较广泛，需求量较大的领域包括政府、航天和国防、医疗设备、高科技、教育业以及制造业等。从3D打印机类型来看，中国国内桌面3D打印机出货量增长27%，其中约95%是个人或桌面打印机，工业级3D打印机出货量虽只增加了5%，但从销售收入来看，工业级3D打印机占总收入的80%。虽然消费级设备支撑了出货量，但工业级设备支撑了整个行业的销售收入，未来工业级3D打印设备是行业收入增长的主力军。

目前阶段，中国3D打印技术与国外相比仍有较大差距，但随着产业技术的兴起，中国以高校科研机构为主的3D技术研究不断取得进步。截至目前，中国3D打印相关专利申请量达到7 402件。技术的进步让中国3D打印方案不断落地，同时中国第一座使用3D打印技术制作的高分子材料观景桥正式亮相。未来“3D打印+”生态圈将会不断完善及发展。

【讨论问题】

3D打印技术对中国经济各个领域产生哪些影响？

【参考答案】

随着科技的进步，人均收入水平的提高，消费者对生活物品的要求也越来越高。消费者买不到自己想要买的产品，使产品市场中出现了供求矛盾，表面上是供过于求，实际上是供不应求，造成了稀缺资源的严重浪费。3D打印技术的出现在一定程度上缓解了以上供求矛盾。由于3D打印技术是按照消费者的个性化需求来设计和制造产品的，有效提供消费者所偏好的独特商品，有利于实现产品市场供求平衡的理想状态，有利于实现稀缺资源的优化配置和充分利用。

6.1.2　经济增长与贸易变动

案例

华为公司的技术创新战略

【案例正文】

美国哈佛大学一项调查显示，按时计酬的员工一般仅需发挥20%~30%的能力就能保住饭碗，但是如果受到充分的激励，员工的能力可以发挥到70%~90%，这说明其中50%~60%的差距是激励造成的。由此可见，激励能极大地促进员工绩效。

华为比较看重人才选拔，招聘创新型人才。同时，会以优厚待遇吸引优秀科技人员加盟，获取对技术创新极为重要的人力资源。华为会采取多种方式对员工进行培训，以此提高研发人员水平。华为拥有自己的培训团队，有自己的培训学校和培训基地，所有员工都要经过培训，合格后方能上岗。华为开设网上学校，可以在线为分布在全世界各个地方的华为人进行培训。华为每一年的培训费用高达数亿元。华为还特别注意员工的实践磨炼，鼓励员工到一线特别是海外一线工作，奖励向一线倾斜；选拔在一线和海外艰苦地区工作的员工进入干部后备队伍培养。

华为非常注重薪酬待遇激励人才的机制。华为的高薪使得优秀人才聚集华为，也激励了人才积极性。近年来，华为优厚的薪资吸引着中国各大名牌大学的优秀学生。在《华为基本法》中规定：按劳分配的依据是：能力、责任、贡献和工作态度。按劳分配要充分拉开差距，分配曲线要保持连续和不出现拐点。股权分配的依据是：可持续性贡献、突出才能、品德和所承担的风险。股权分配要向核心层和中坚层倾斜，股权结构要保持动态合理性。按劳分配与按资分配的比例要适当，分配数量和分配比例的增减应以公司的可持续发展为原则。华为员工的薪酬福利主要由工资、奖金、安全退休金、医疗保障、股权、红利构成。

华为注重对员工的精神激励。华为公司专门成立荣誉部，负责对员工进行考核、评奖。荣誉奖有两个特点：第一，面广人多，所以员工很容易在毫无察觉的情况下得知自己获得了公司的某种奖励；第二，物质激励和精神激励紧紧绑在一起。

华为企业文化也为鼓励团队合作起到一定作用。其规定，从优秀团队中选拔干部，出成绩的团队要出干部，连续不能实现管理目标的主管要免职，免职的部门副职不能提为正职，业绩不好的团队原则上不能提拔干部。

【讨论问题】

1.华为在人才培养方面采取的主要措施是什么？

2.企业创新对于中国经济发展产生哪些影响？

【参考答案】

1.华为初创期：华为业务上采用“农村包围城市”的策略，从农村市场开始找到突破口，采用游击战来攻下市场。在这一时期，人才培养更多被业务带动。例如业务发展到一定阶段，需要员工快速了解产品和项目的知识，这一时期会调动培训资源，给相应员工赋能。在人才发展方面注重客户关系的建立，此阶段的人才培养是一种应急策略，并没有系统化展开。

2.在市场经济条件下，依据人们对技术创新经济学的研究得出的最基本的一条规律是，企业必须成为技术创新的主体。这种主体性主要表现在三个方面：一是企业要成为技术创新投资的主体；二是企业要成为研究开发的主体；三是企业要成为利益分配的主体。

6.2 对外贸易与经济发展

案例1

中国冷链物流市场不断发展

【案例正文】

冷链物流是指为保证食品（新鲜或冷冻）的品质或其他产品（药品等）的效能

以及减少运输损耗，在其加工、贮藏、运输、分销、零售等环节，使货物始终保持一定温度的一种物流运输方式，由预冷处理、冷链加工、冷链储存、冷链运输和配送及冷链销售几方面构成，涉及制冷技术、贮藏工艺、检测技术等技术和冷库、冷藏车、保温盒、冷藏陈列柜等设施。目前，冷链物流运输主要适用于：初级农产品，例如蔬菜、水果、肉、禽、蛋、水产品、花卉等；加工后的食品，例如速冻食品、肉、水产、熟食、冰激凌和奶制品；特殊商品，例如药品和疫苗。与传统物流相互对比可以发现，冷链物流中的每个环节对技术的要求都比较高，资金投入也比较大。冷链物流的核心不完全是“冷”，而是“恒温”。

冷藏车作为冷链运输环节最重要的交通工具，其产销量也在逐年增加。中国冷藏车年产量预计在2023年将增长至14万辆左右。国家层面政策的频繁出台，对冷链物流产业发展目标、冷链运输行业标准以及冷链物流供应链体系建设等方面给予了指导。随着中国跨境电子商务技术的逐渐发展和创新，农产品、生鲜、乳制品等行业订单数量增多，对冷链物流行业需求不断增加，也在推进中国冷链物流产业的发展。

【讨论问题】

冷链物流产业发展对中国对外贸易发展产生什么影响？

【参考答案】

冷链物流具有复杂性、协调性及高成本性的特点。其主要应用于中国果蔬、禽蛋、水产品、速冻食品、乳制品、花卉、药品等产品运输。冷链物流指冷藏冷冻品在生产、贮藏、运输、销售到消费前的各个环节中始终处于低温环境下，以保证产品质量，减少物品损耗的系统工程。中国冷链物流业是在中国专业分工加快的大背景下产生的，随着连锁经销体系制冷设备的兴起，专业分工细化和低温食品的逐渐普及与成熟，冷链物流引起人们的关注。

案例 2

RCEP对中国家具业产生的影响

【案例正文】

2020年11月15日签署的《区域全面经济伙伴关系协定》（Regional Comprehensive Economic Partnership，RCEP），将令东盟十国与中国的大部分商品贸易实现零关税，为东盟十国与中国对外贸易发展提供机会。目前，由于国内劳动人口数量不断减少，工资增长幅度提高，许多红木家具企业选择在东南亚国家建厂，对木料进行初步加工。其中一部分企业直接到当地制作红木家具。由于东盟具有丰富的木材资源、人口资源优势，人工工资较低，东盟已经成为中国家具业重要原材料与初级加工产品来源地。

家具企业同时也看中了东盟国家相对中国较低的关税水平，可以避免受到与欧美国家贸易摩擦的影响。目前，中国人口老龄化程度日益加剧，年轻劳动力出现短缺并将持续短缺，同时人们的收入水平日益提高，在东南亚国家建设家具生产线，产生的经济效益会越来越高。

我们应充分利用中国的资金优势、管理优势、技术优势、家具销售渠道优势，同时利用东盟国家的土地和人力资源、原材料资源，构建中国家具产业链优势，形成新的家具产业链竞争力。RCEP的签署为我们建立长期的政策保障，使中国家具产品的竞争优势在经济发展中不断得到巩固。

同中国开发沿海经济带动全国发展一样，东盟各国在接受中国产业转移、低关税共同发展的过程中，居民的消费能力逐步提升，形成新的消费增量。新的消费增量在一定程度上带动中国家具行业的发展。中国与东盟十国，有20多亿的总人口，市场空间巨大，RCEP的签署使其形成几乎统一的大市场，产生的生产能力与消费能力足以改变全球的产业格局。

【讨论问题】

RCEP对中国家具业产生的积极影响是什么？

【参考答案】

中国面向全世界的销售渠道，加上东盟的土地、人力、原材料资源，会形成家具产业链优势，形成新的家具产业链竞争力。RCEP的签署，使得这一优势的建立有了长期的政策保障，中国家具产品对外贸易发展得到巩固。

案例3

构建跨国产业链，中国纺织产业稳步发展

【案例正文】

随着中国基础设施不断发展，国际产能合作逐渐增多，建立了多种形式的自由贸易网络推进“一带一路”建设。作为中国市场经济最活跃的纺织业也正积极融入“一带一路”。在博鳌亚洲论坛2017年年会上，中国纺织国际产能合作企业联盟在上海宣告成立，这是中国纺织业融入“一带一路”的重大战略举措，同时也标志着中国纺织业由产品出口逐步迈向国际产能合作。

近年来，中国纺织业率先进入新常态，其显著标志之一就是增速放缓，特别是出口出现连续负增长，经济全球化下的纺织业正在经历一系列的困难。原料短缺和巨大产能的不匹配情况，造成中国纺织业国际竞争力有所下降；劳动力成本快速增

长、能源成本居高不下等因素也导致了企业综合成本加剧。同时，税负成本、融资成本、环境保护等问题的出现，使得不少企业对扩大发展望而却步。在中国“走出去”战略的推动下，不断提高中国纺织业发展水平成为有实力企业可持续发展的必由之路。

广州纺织业对市场发展导向比较敏锐，开始加紧了国际化步伐，除在非洲苏丹、埃塞俄比亚等地自建制造业基地外，海外收购成效显著。随着全球纺织业的不断深入发展，纺织业国际贸易也受到很大挑战，因此我们需要考虑全球布局因素。“机遇”就是在世界经济低迷之时，加紧全球化布局。

广州纺织业把提高站位、高起点布局国际化发展概括为“三全”站位、20个字战略布局、“1+5”布局。“三全”站位，就是瞄准全球市场、整合全球资源、全产业链延伸发展。20个字战略布局：非洲原料、欧美设计、亚洲加工、中国集成、全球销售。“1+5”布局，就是全球产能、产业链布局。“1”是一条通路：国际化；“5”是“走出去”建立5个基地：海外原料基地、海外制造基地、海外销售基地、创新设计集成基地、海外供应配送中心。

【讨论问题】

中国如何构建跨国纺织产业链？

【参考答案】

随着目前国际市场持续低迷、外汇市场变动幅度加大、中国国内成本上升等态势，中国纺织制造业基地开始迁移至成本更低的东南亚地区，中国纺织业必须考虑全球布局，瞄准全球市场、整合全球资源、全产业链延伸发展。中国充分利用非洲原料、欧美设计、亚洲加工、全球销售的战略，布局全球产能及产业链，利用“走出去”战略优势，建立海外原料基地、海外制造基地、海外销售基地、创新设计集成基地、海外供应配送中心，走出一条国际化通路。

案例 4

生产分割与制造业国际分工——以苹果公司为例

【案例正文】

近年来，以技术为基础的产品面临激烈的国外竞争，技术优势和低成本优势成为其成败的关键因素。发达国家一些企业开始利用生产分割方式组织生产，在世界范围优化生产能力布局。苹果公司就是其中代表之一，其在设计和开发硬件、应用软件和服务领域具有核心竞争力。苹果公司选择所有产品及其零部件均由第三方企业制造，产品运输和后勤管理也采用外购方式进行经营管理。关键部件制造和供应由美国、中国、德国、爱尔兰、以色列、日本、韩国、马来西亚、荷兰、菲律宾、中国台湾、泰国和新加坡完成。

iPhone取得的巨大成功与苹果公司采用的生产分割及专业化生产方式密不可分。近年来，手机在功能和结构上发生了翻天覆地的变化，随着功能增多，硬件数量和多样性显著增加，如触摸屏、标准键盘、数码相机、录像、音乐播放等均成为手机的组成部分，这对移动装置的软件提出了更高要求。软件必须适应多种硬件并存的环境，与硬件可选择性增多一样，移动通信装置的软件也在增多。目前移动通信专用软件发展比较快，手机使用者可以自行安装程序、浏览互联网、收发电子邮件。

硬件和软件多样化为手机制造业采取生产分割方式通过外购组织生产提供了可能。在竞争日趋激烈的今天，苹果公司打破传统设计理念，集中打造自己的专利、商标和版权，iPhone的设计、制造、组装最大程度地采取生产分割和外购的方式。除软件和产品设计之外，iPhone生产制造主要在美国以外地区进行。依靠海外采购，零部件在多个国家和地区生产，所有iPhone的零部件都运输到富士康组装完成，再出口到美国和其他国家，苹果公司有效地控制了产品成本。iPhone制造涉及多个国家的多家公司，分别位于中国、韩国、日本、德国和美国，其主要生产者和供货商包括日本东芝、韩国三星、德国英飞凌、美国博通等企业。在iPhone的供应链中，每个生产者可以购买上游原料或中间产品，经过加工提高附加值。从经济学角度看，苹果公司采取比较彻底的分割和外购方式有其内在动力。首先，手机行业竞争强度大，促使其不断寻找成本更低的制造地点和协作企业，把组装等劳动密集型环节转移到劳动力富集国家。其次，企业利润最大化。其原理是把一些零部件放在美国国内生产可以实现利润，但海外采购能实现更多利润，企业在利润驱使下将采取外购方式。iPhone主要零部件生产多已转移到美国以外，美国生产零部件价值占比较低，产品价值链由多个国家的多个企业共享。

【讨论问题】

1.什么是内生增长理论？

2.国际分工的发展给发展中国家和发达国家带来哪些影响？

【参考答案】

1.内生增长理论是产生于20世纪80年代中期的一个西方宏观经济理论分支，其核心思想是经济能够不依赖外力推动实现持续增长，内生的技术进步是保证经济持续增长的决定因素，强调不完全竞争和收益递增。内生增长理论又被称为现代经济增长理论，关注于如何解释各国间及各国随时间变化而产生的经济增长上的差异性，以更好地理解经济增长的真实推动因素和原因，为经济增长政策提供理论依据。

2.20世纪80年代以来，国际分工的性质发生了深刻的变化，而且这种变化的趋势依然在延续，这表现在国际贸易日益从最终商品之间的贸易向商品生产的中间环节之间贸易的方向发展。这种产品内的分工对发达国家的去工业化、中国过高的第二产业比重、印度过高的第三产业比重产生了显著影响，而且产品内分工对同为发展中国家的中国和印度的产业结构的不同影响与这两个国家参与国际垂直专业化分工的不同方式联系在一起。

6.3　发展中国家的贸易战略

6.3.1　贸易战略的内涵

案例 1

"一带一路"对我国政治经济发展带来深远影响

【案例正文】

"一带一路"是"丝绸之路经济带"和"21世纪海上丝绸之路"的简称。从西汉时期张骞通西域，形成以长安和洛阳为起点，经甘肃、新疆，到中亚、西亚，并连接地中海各国的陆上通道，我国与中亚及欧洲商业往来也变得越来越频繁。通过这条大道，我国大量丝制品源源不断地运向中亚和欧洲地区。1877年，德国地理学家李希霍芬将这条东西大道命名为"丝绸之路"。从此，丝绸之路这个名字便得到全世界的认可。它是亚欧大陆的交通动脉，在世界经济发展史上起到重要作用，是中国、印度、希腊世界三种主要文化交流的桥梁。

在习近平总书记主持召开的中央财经领导小组第八次会议上，研究丝绸之路经济带和21世纪海上丝绸之路规划，发起建立亚洲基础设施投资银行和设立丝路基金。习近平总书记指出，发起并同一些国家合作建立亚洲基础设施投资银行是要为"一带一路"共建国家的基础设施建设提供资金支持，促进经济合作。设立丝路基金是要利用我国资金实力直接支持"一带一路"建设。

"一带一路"倡议的发展有利于形成我国全方位对外开放的新格局，有利于帮助我们打造一个包容性强的互利互惠平台。"一带一路"的核心任务是发展经济，通过巩固加强我国与中亚、东南亚等地区的相互开放战略新格局，互惠互利，形成公平、统一的市场竞争环境，进而带动各国优势资源自由流动，不断扩大经济发展规模和总量，优化经济结构，造福各国人民。我国提出"一带一路"倡议，在维护我国政治安全稳定上具有重大意义。

“一带一路”倡议旨在使中国发展引擎所驱动的地缘经济潜力形成巨大的正外部效应，为相关国家和地区所共享。为更好地促进“一带一路”倡议的发展，我国提出决不干涉地区国家内政，不谋求地区事务主导权，不经营势力范围，而是要相互坚定支持，做真诚互信的好朋友，将各地政治关系优势、地缘毗邻优势、经济互补优势转化为务实合作优势、持续增长优势。“一带一路”倡议提出丝绸之路共建国家合力打造平等互利、合作共赢的“利益共同体”和“命运共同体”的新理念，描绘出一幅从波罗的海到太平洋、从中亚到印度洋和波斯湾的交通运输经济大走廊，其东西贯穿亚欧大陆，南北与中巴经济走廊、孟中印缅经济走廊相连接的新蓝图。

【讨论问题】

“一带一路”倡议的实施对我国经济、文化、政治产生哪些影响？

【参考答案】

“一带一路”倡议的实施对促进我国对外开放和“一带一路”国家共同发展意义重大，对促进“走出去”和“引进来”有重要的指导意义。当前，经济全球化深入发展，区域经济一体化加快提升，全球经济与贸易增长、各国对外投资等方面的格局正在进行深刻调整。亚欧国家目前都处于经济转型升级的关键时期，因此“一带一路”倡议有利于激发我国及共建国家的发展潜力。交通运输业将直接为区域经济发展创造条件，加快推进我国交通基础设施不断完善。我国要推进建立统一的全程运输协调机制，为促进共建国家交通通关联运的有机衔接提供有力保障，逐步形成兼容规范的运输规则，实现共建国家运输的便利化；加快运输口岸的设施建设，加强海上物流信息化合作；加强航空运输的安全建设，提升航空基础设施，激发我国及共建国家发展活力与合作潜力，最终实现各个国家的共同发展。

案例2

中美贸易争端长期存在

【案例正文】

中美贸易争端又称中美贸易摩擦，其主要指中美经济关系中的重要问题。贸易争端主要发生在两个方面：一是我国比较具有优势的出口领域；二是我国没有优势的进口和技术知识领域。前者基本上是竞争性的，而后者是市场不完全起作用的，它们对两国经济福利和长期发展的影响是不同的。

2019年9月11日，国务院关税税则委员会公布第一批对美加征关税商品第一次排除清单。10月，美国商务部称将对我国3 000亿美元加征关税清单产品启动排除程序。12月13日，中美两国第一阶段经贸协议文本达成一致，美方将履行分阶段取消对华产品加征关税的相关承诺，加征关税将由升到降。12月19日，国务院关税税则委员会公布第一批对美加征关税商品第二次排除清单。

我国的“入世”促进了中美两国经济贸易往来的不断推进，长期存在于两国贸易关系中的一些问题仍然没有解决，比如汇率问题、贸易不平等问题。随着两国经济融合进一步加深，双方在制度方面还会发生很多的碰撞，产生各种问题。

随着中美经贸关系的快速发展，双边贸易摩擦也呈现日益加剧的趋势。贸易不平衡、纺织品特保、对华反倾销等问题构成了中美两国贸易摩擦的主要内容。中美两国经济利益争夺、美国国内贸易保护主义的回流，以及美国对我国的战略遏制等是两国贸易摩擦日益增多的主要原因。贸易摩擦对中美经贸关系及经济合作带来了较大影响。

中美贸易摩擦主要以微观经济摩擦为主，但还会扩大到其他领域。人民币汇率问题已经是宏观经济摩擦，正如“入世”并没有减少中美贸易摩擦一样，“入世”也难以保证中国会面临更少的限制。未来的中美贸易可能扩展到劳动标准、补贴、卫生检验标准、安全问题、贸易不平等、与投资和贸易有关的制度安排等领域。

【讨论问题】

中美贸易争端对我国对外贸易有哪些影响？

【参考答案】

美国上调关税会造成我国出口企业生产降低，长期将会面临亏损或倒闭，会导致商品紧缺从而引起物价上涨。同时，外汇储备减少，原油、粮食价格上涨将会产生输入型通胀。贸易摩擦对双方经济来说都是不利的，汇率的变化取决于各国的经济状况，也受市场对于未来的预期和货币政策的影响。如果贸易摩擦给中国出口带来不利影响，由此产生的预期可能造成人民币贬值。

6.3.2 贸易战略的分类

案例

什么是钱纳里分类法？

【案例正文】

发展经济学家钱纳里根据1960年以来对外贸易的特点，将发展中国家分为三种类型。第一种：以出口为主导的初级产品生产主导型国家，如马来西亚和伊朗。

这些国家利用初级产品的生产优势，实施出口促进战略推动国内经济发展。第二种：墨西哥和土耳其等内向型国家。这些国家实行进口替代保护政策。第三种：泰国等中间国家，它们的贸易和保护处于中等水平。

钱纳里分析认为，一个国家的外贸战略与其产业结构的比较优势有着密切的关系。一国外贸战略的调整，将导致该国产业结构的比较优势变化。在发展经济学领域，发展中国家对外贸易战略的选择有两种不同的指导思想。

与进口替代战略相比，出口促进战略具有以下明显特征。

首先，实施出口促进战略有助于缓解发展中国家的外汇限制。进口替代所节约的一个单位的外汇等于出口促进所获得的一个单位的外汇。从间接效应和动态来看，赚取1单位外汇的国内资源成本无疑小于节约1单位外汇的国内资源成本。这意味着将进口替代使用的资源转移到出口促进产业后，可以以较高的有效保护率获得比进口替代可以节约的外汇数量更多的外汇。进口替代物以本国货币计算有利，但其经济成本在现实中过高。

其次，出口促进战略可以超越国内市场的限制，开拓和利用国际市场。这对克服小规模、不经济的发展中国家尤为重要。如果一个国家能继续扩大产品出口，就能继续获得国际竞争主导的规模经济、学习效应和效率。

最后，出口促进战略对外资有吸引力。有利于出口促进的外资流入不是来自对发展中国家国内市场的保护，而是来自对资源成本效率的考虑。以出口促进为主的外国投资涉及初级产品加工时，与农业有更多的联系。生产劳动密集型产品时，有助于提高劳动者的技能。除外国私人投资外，一些国际商业银行倾向于向努力促进出口的发展中国家贷款，因为只有债务国努力增加出口收入，降低债务清偿率，债务偿还才不成问题。

【讨论问题】

出口促进战略的优势体现在哪些方面？

【参考答案】

第一，实施出口促进战略有助于缓解发展中国家的外汇限制。将进口替代使用的资源转移到出口促进产业后，可以以较高的有效保护率获得比进口替代可以节约的外汇数量更多的外汇。

第二，出口促进战略可以超越国内市场的限制，开拓和利用国际市场。这对克服小规模、不经济的发展中国家尤为重要，因为狭窄的市场必然制约分工的发展。如果一个国家能继续扩大产品出口，就能继续获得国际竞争主导的规模经济、学习效应和效率。

第三，出口促进战略对外资有吸引力。以出口促进为主的外国投资涉及初级产品加工时，与农业有更多的联系。生产劳动密集型产品时，有助于提高劳动者的技能。除外国私人投资外，一些国际商业银行倾向于向努力促进出口的发展中国家贷款。

6.3.3　进口替代战略

案例

阿根廷由盛转衰之谜

【案例正文】

19世纪末，阿根廷经济持续稳步增长。阿根廷因出口大量粮食和牛肉而被誉为世界的粮仓和肉库，其首都布宜诺斯艾利斯则被视作“南美洲巴黎”。在欧洲的许多城市，当人们形容某人腰缠万贯时，常以“像阿根廷人一样富有”作为比喻。1913年，阿根廷的人均收入为3 797美元，高于法国的3 485美元和德国的3 648美元。1950年，阿根廷的富裕程度仍然领先于日本，与意大利、奥地利和德国大致相等。

但是，随着时间的推移，阿根廷的人均GDP逐渐下降。不仅如此，2001年阿根廷陷入经济危机。社会动荡、经济不稳定成为大家对阿根廷的深刻印象。阿根廷拥有丰富的农业资源，在生产和出口农产品上具有明显优势。畜牧业是阿根廷的经济支柱，牛皮和牛肉是主要出口产品，形成了所谓“牛皮文明”。阿根廷也吸收了大量的海外移民，使种植业成为国民经济的支柱。可见，无论是畜牧业还是种植业，都使阿根廷在历史上成功地发挥了自己的比较优势，通过大力出口农产品来获得外汇收入。

阿根廷进口替代工业化模式的主要特点就是内向发展。为了扶持制造业，政府采取了高筑贸易壁垒的措施，使本国“幼稚工业”面临一个基本上没有外来竞争的环境，导致企业经济效益增长相对缓慢。经济学家提出，阿根廷的汽车、化工产品和一些非耐用消费品的价格比国际市场高出几倍。

【讨论问题】

1.阿根廷在经济发展路上有哪些优势？

2.阿根廷经济由盛转衰的原因有哪些？

【参考答案】

1.阿根廷是拉美第三大经济体，具有丰富的自然资源优势及文化优势。它有着“极高”等级的人类发展指数和较接近发达国家水平的人均国内生产总值，具有规模相当大的国内市场和增长中的高科技产业份额。制造业在阿根廷的整体经济增长中占据重要位置，并实现了与农业兼容。

2.由于其过度依赖自然资源优势，存在贸易保护与孤立主义，导致阿根廷不少产业和企业在国家扶持下反而失去国际竞争力。同时，农牧业等大宗商品容易受到国际价格波动冲击，很多经济危机都跟国际商品价格下跌有关。失去新的产业火车头，更让阿根廷无法摆脱经济衰退的泥沼。

6.3.4 出口替代战略

案例

韩国成功实行进口替代与出口导向政策

【案例正文】

20世纪50年代，韩国开始实行进口替代战略，利用其战略建立了相对独立的民族工业体系，改变了单一的畸形经济结构和对发达国家的严重经济依附。这在一定程度上促进了经济的恢复与发展，并初步完成了重化工业的调整。然而又将面临新的问题及挑战，国内市场狭小、资源匮乏、剩余劳动力等问题开始出现。

韩国政府以各种方式鼓励出口企业，包括给予种种优惠政策，例如直接补贴；免征出口税；对加工进口原材料、半成品免征进口税；减征国内税；对出口企业提供低息贷款等，目的是以此带动对外贸易的发展。与此同时，政府也放松了对金融的管制，采用国际金融惯例，大量引进外资。相对灵活的金融市场，有利于经济稳定、健康发展和对外贸易的繁荣。以扩大出口为目的的出口导向战略，使得韩国的出口贸易增长比较快。出口产品结构顺利完成了从初级产品到工业制成品的转变，从劳动密集型产品到资本密集型产品的转变。

随着韩国经济和科学技术全面推进，出口产品结构也在不断改变，逐渐以计算机、半导体、汽车、彩电等高技术密集型产品为主。韩国出口贸易的发展和贸易结构的改变，也带动经济高速发展和GDP的持续增长。

【讨论问题】

韩国在经济发展方面有哪些优势及劣势？韩国采取哪些方式克服劣势发展经济？

【参考答案】

韩国作为“亚洲四小龙”之一，其经济增长速度相对较快，是世界经济发展速度最快的国家之一。韩国创造的经济繁荣被称为“汉江奇迹”。2005年韩国人均GDP超过16 000美元，其增长速度高达160倍。截至2005年，韩国电子产业逐渐发展，内存、液晶显示器及等离子显示屏等平面显示装置和移动电话都在世界市场中占据领导地位。

韩国农业资源相对稀缺，现有耕地面积1 835.6千公顷（18.4%是农耕地），是世界人均耕地面积最少的国家之一。韩国农产品主要依赖国外进口，除大米和薯类能基本自给外，其他粮食85%需要进口。另外，韩国60%以上的牛肉、鱼贝类，20%的水果、禽肉和奶都需要从国外进口，只有砂糖和蛋可以完全自给。

综合案例：劳动力素质提高促进经济增长

【案例正文】

1.培训计划：与员工发展计划相结合

对于员工培训，沃尔玛始终推行培训与个人发展相结合的方式。人力资源部将会与每个新员工进行沟通，共同为他们制订职业生涯发展计划。员工的职业生涯发展计划一般由具体的目标组成，以此为基础，提供相应的培训，使员工快速达成一个目标。在沃尔玛，员工的升迁速度很快，经常是半年或一年就能完成升迁，多数员工会有一次提升机会。伴随着员工的成长，公司在每个关键环节都会组织与岗位或职位相对应的培训。从刚入职的新员工的培训，到普通员工岗位技能培训和部门专业知识培训，从部门主管和经理的基础领导艺术培训，再到卖场副总经理以上的高管人员的高级管理艺术培训、沃尔顿学院系统培训等，沃尔玛的员工在每次成长或晋升时都会有不同的培训。为了让员工能够更好地掌握工作职责，并鼓励员工勇敢迎接工作中的挑战，沃尔玛也对满足条件的员工进行横向培训和实习管理。横向培训是长期计划，在工作中有突出表现的员工，会被挑选参加横向培训。为了让具有领导潜力的员工有机会加入公司管理层，公司还设立了为期8周的实习管理培训课程。

2.全面培训策略

沃尔玛将入职培训、技术培训、岗位培训、海外培训设为员工的重要培训内容。除此之外，所有管理人员还要接受管理技能与艺术方面的培训。沃尔玛的员工入职培训具有自己的特点，主要采取时间长、重操作、全面性的培训店实习培训内容。最近互联网思维是一个很热的词，可什么是互联网思维，似乎是见仁见智的问题。应不断打破传统培训机制，采用适合时代发展的培训方案。

（1）电子问卷系统。电子问卷系统的推进不断改进沃尔玛的需求调查和讲师评价。传统的发问卷的方式，最大的问题在于学员觉得烦琐，参与度不高。通过电子问卷形式，可以用更加丰富的表现形式对问题进行分析展现，让学员通过简单地按按钮、投票等方式完成这项工作。这种形式更易引起学员兴趣，让学员有全新的感觉。电子问卷可以同二维码、手机端结合使用。把电子问卷的地址生成二维码，然后学员用智能手机扫描二维码进入手机浏览器填写问卷。问卷提交后，后台的结果可以实时显示出来，节省了统计数据的大量时间、人力。

（2）建立微信群作为学员间的交流平台。培训一方面要解决知识传授的问题，另一方面也要解决学员间交流的问题。目前，微信被大家所熟知，我们可以通过微信群让学员随时随地交流。提醒出勤、提醒作业、组织活动等方面，减少了很多管的色彩，更有人情味，更容易让学员接受。

（3）通信软件解决外地讲师试讲问题。从课程品质的角度出发，所有内部课程都必须经过试讲。沃尔玛在全球各地都设立了培训机构，例如在中国的深圳、长沙和大连就分别成立了培训机构。这些机构用于承担相邻城市开设的新店的员工培训工作。沃尔玛一般会在新店开业前半年开始招聘新员工，并组织新员工到培训机构接受3～6个月的实习培训。

3.员工培训，沃尔玛交给VR

VR技术已经应用在员工培训活动中。通过营造虚拟环境，让员工在模拟中理解和掌握相关知识和技能，增添培训的趣味性，进而增强培训效果。全球零售连锁巨头沃尔玛推出了基于VR技术而研发的全新员工培训系统。沃尔玛将向每一家超级购物中心店发放四副头显，向美国本区每个社区商场和折扣店发送两套同样的设备。官方数据显示，沃尔玛美国境内所有4 700家购物中心中将有1.7万台VR设备可供使用，这意味着沃尔玛全部100多万名门店员工可以通过虚拟设备进行学习和培训。

Oculus Go可以提供2小时至2.5小时的视频观影时间，或者1.5小时至2小时的游戏娱乐时间。如果延长使用时间，需准备额外充电器来进行扩容。Oculus Go配有一个隔垫以增加透镜和用户眼睛之间的距离，从而帮助用户更舒适地佩戴头显。透镜周围同时包含夹式托架，这是可以定制的透镜附件。Oculus Go头带中隐藏了立体扬声器，可以为用户提供相当不错的音频。Oculus Go头显和控制器提供360度自有追踪，这就意味着该设备最适合就座式使用。据了解，在配备全部VR设备后，沃尔玛员工将使用耳机访问由STRIVR为其开发的超过45个训练模块。

在安装了VR设备后，沃尔玛员工将通过360度全景视频走入虚拟世界，交互形式以对话框为主。培训视频为30秒到5分钟，培训项目重点向员工传授门店销售和服务的新技术、软技能（包括与顾客沟通的语言能力、社交能力、积极乐观的心态等），例如同理心（指站在顾客角度体察其需求，充分认知顾客的情绪、感受需要，最终形成以顾客为中心的终端模式销售）、顾客服务和投诉处理。同时也有各种场景，从顾客服务、管理到特殊环境，STRIVR将为沃尔玛用户提供真实、可重复、可扩展的培训内容，帮助员工更快、更有效地记住信息。该公司能够提供点到点的平台建设，在培训过程中收集数据和报告，提供分析结果，以此让更多的用户依据数据来提出意见和建议。STRIVR所研发的足球训练模拟场景目前已经被应用于达拉斯牛仔队、亚利桑那红雀队等运动机构。

此次采用Oculus Go的VR设备并不是沃尔玛首次涉足VR领域。沃尔玛从30家培训学校中引入了Virtua盈利模式，该项目的成功运行使得沃尔玛将其扩展到了所有的200家学校中。

4.沃尔玛在我国未来发展的趋势

沃尔玛拥有一整套先进、高效的物流和供应链管理系统，在全球各地的配送中心、连锁店、仓储库房和货物运输车辆，以及供应商，都接受这一系统集中有效的管理和优化，形成了一个灵活、高效的产品生产、配送和销售网络；这个网络不仅可以降低成本，而且随着技术水平的不断更新，使沃尔玛在同行竞争中处于领先地位。跨国公司沃尔玛，在不断进行全球化扩张的过程中，由于各地区文化差异存在，系统开发与应用需要比较长的周期才能建立起来。同时，产品也不能够满足当地消费者多样化的需求，因此"沃尔玛模式"也有许多需要改进的地方。我们可以借鉴沃尔玛的成功经验，但应有自身的特点。应不断结合不同地区的经济机制，灵活运用，充分发挥当地市场经济资源优势，取长补短，这样才能使企业进入当地零售业市场较好地发展。

沃尔玛在美国之所以取得成功，很大程度上是由于其将尖端科技和物流系统进行了有机融合。20世纪70年代，沃尔玛就开始采用计算机进行管理；沃尔玛还花费4亿美元购买了商业卫星，实现了全球联网；20世纪90年代，采用了全球领先的卫星定位系统（GPS）控制公司的物流，提高配送效率，以速度和质量赢得用户的满意度和忠诚度。

以前沃尔玛在我国零售市场受到技术水平的限制，但目前我国信息化建设逐步完善，供应链管理系统逐步成熟。由于市场环境的变化，各个业务流程也相应地发生变化，沃尔玛信息系统也会作出相应调整。如果直接将沃尔玛系统套用在我国进行本土化经营，效果可能不佳。沃尔玛的信息系统是以总部为中心进行管理的模式，只有当店铺数量达到相当的规模时才会显示出其效果。

在选址方面，仍然要瞄准我国经济相对发达的城市。我国乡镇消费水平相对较低，消费观念相对保守。而在经济较发达城市，人口密度高，高收入人群集中，对商品需求量大，消费观念前卫，市场经济体制较成熟，能够使沃尔玛的优势与当地市场优势相结合，实现市场供求平衡，这样才可以保持沃尔玛的竞争优势。

在商品供应方面，沃尔玛应适应我国不断变化的消费结构。首先，发展性和享受性消费比重提高。交通通信、文教娱乐、医疗保健等发展性和享受性消费的支出大幅度增加，所占比重稳步提高。其次，服务性支出比重增加。随着居民生活水平不断提高，城市居民家庭服务社会化趋势愈来愈明显，服务性消费的需求不断上升，居民消费支出逐步向服务性消费支出分流。

【案例使用说明】

一、教学目的与用途

本案例适用于国际贸易学课程中经济增长的原因分析，分析中国劳动力资源素质提高带动经济发展部分知识的教学。通过本案例讨论，让学生全面了解企业培训对于提高劳动者生产能力及积极性的重要性，同时能够带动中国劳动力整体劳动素质的提高。使学生掌握关于劳动力资源素质提高，进而带动中国经济增长的相关概念，让学生掌握其中涉及的内容、核心理论等相关知识，以便学生在未来的实际工作中能够正确理解经济增长的主要原因。

二、讨论思考题

通过阅读、分析和讨论本案例资料，帮助学生思考和掌握下列具体问题：

1.沃尔玛公司如何运用本土化战略解决文化冲突？

2.沃尔玛主要采取什么措施促进劳动力要素质量提高？

三、分析思路

本案例的概念难度、分析难度和陈述难度均适中，适用对象包括国际贸易和国际商务专业的本科生。对于缺乏专业基础理论知识的本科生，可以根据教学大纲，有选择地引导阅读案例相关材料；对于缺乏实践经验的本科生，可以引导其将所掌握的理论知识运用于本案例中每一个具体问题的分析，对案例中争论的焦点问题，作出自己的是非判断，锻炼其解决实际问题的能力。

四、思政启示

在我国政府重视普惠教育，大力发展科教兴国的背景下，中国劳动力无论在总量上还是劳动力素质上，都有巨大的有利条件。中国过去依靠大量低成本的劳动力投入促进经济增长，从未来看，还是要转向提高技术，通过技术进步来促进经济增长。随着人口素质的提高，特别是高素质劳动力供给的增加，对未来的发展有很好的保障作用。

第7章　要素流动与跨国公司

开篇案例

【案例正文】

宝洁作为世界著名跨国公司，其成功就在于能够通过广泛的市场调研、科学的市场细分方法，集中全力推出一种或几种定位的产品，来满足不同消费群体的不同需要。让产品去满足顾客，而不是让顾客去适应产品。配合产品策略，宝洁自20世纪50年代起相继在欧洲、东南亚、拉丁美洲等地建立了外销事业部和科技中心。通过客户的使用反馈，宝洁从中受到启发，使自己的产品不断得到改进和完善。宝洁公司的产品细分主要表现在产品技术研究方面。如宝洁公司把日本、东南亚的消费者头发拿到化验室，经过精心细致的化验，发现东方人的发质与西方人不同，如较硬较干。于是，宝洁公司专门开发了营养头发的潘婷，满足亚洲消费者的需要，潘婷上市后成为宝洁公司在世界范围内上升最快的洗发水品牌。

宝洁公司将市场细分为洗发、护肤、口腔等几大类，以品牌为中心运作。宝洁的多品牌化战略并非一个产品一个品牌，而是每个产品的每个细分市场都会有相应的品牌，同时关键的是同类产品中的多个品牌之间又是相互独立的，并且存在适度的竞争，这样降低了每个产品的经营风险；而在每个品牌的下面，又有更具体的分类。多品牌的频频出击，使公司在顾客心目中树立起实力雄厚的形象。为减少多品牌之间的相互摩擦，宝洁采取了差异化营销，每个品牌有鲜明个性，利用一品多牌，使每个品牌有自己的发展空间，市场就不会重叠。

宝洁促销策略最明显的特点是一种产品承诺一个诉求点，从产品本身出发发展出功能性的“诉求点”，将其作为与消费者的连接点，使消费者实实在在地感觉到产品的利益。

另一个特点是坚持有目标、有计划地采用广告策略，采取持续的广告攻势对消费者产生持续的影响。日用洗护品是消费者经常购买的商品，加之宝洁产品的较高质量，通过持续的广告渲染，使消费者得以认知，产生购买欲望，逐渐将概念转化为普通的消费者观念，培养消费者对品牌的忠诚度，从而稳固市场占有率。

【涉及的问题】

跨国公司在全球经济发展中扮演着重要的角色，那么它是如何促进资本、劳动、技术的国际流动的？对目标国产生哪些经济效应？通过本章学习，熟悉和掌握上述内容。

7.1 资本的国际流动

案例 1

为什么外资会流入中国

【案例正文】

外资流入仍是未来一段时间内中国资本市场确定性较高的增量资金来源。回顾外资流入的历史情况，大致可分为前后4个阶段，由股票市场先行开放到债券市场，由缓步推进到加速开放，外资流入在不同阶段也呈现出截然不同的特点，一方面是流入资金的逐步增大，而另一方面波动性也在逐步增强。

在外资流入的背后，沪深港通以及债券通等制度创新起到了重要的推动作用，也成为重要的交易渠道。从外资的增量数据来看，60%的股票通过陆股通增持、40%的债券通过债券通增持。而外资的投资偏好依旧如初，A股集中买入低估值、大市值的白酒家电金融龙头，人民币债券则始终青睐国债等利率债，利率债在存量中占比始终超过80%。与此相对应的，外资的投资偏好也对股债汇等相关资产的价格走势产生了越来越显著的影响，无论从国际经验还是从中国实践来看均已得到验证，2018年上半年外资积极抄底债市更是经典案例。

外资流入受到多方面因素的影响。除了中国资本市场开放的政策效应之外，A股仅13倍的较低估值、中美经济走势较低的相关性、纳入国际指数的推动、全球流动性环境变动、美股走势等因素都在起效，人民币债券则受到利差、汇率等周期因素以及纳入指数等结构性因素的影响，此外俄罗斯央行“去美元化”操作客观上也使中国直接受益。

【讨论问题】

1.国外资本流入对中国经济发展产生哪些影响？

2.外资流入受到多方面因素的影响，具体可以包括哪些因素？

【参考答案】

1.加深了货币信用国际化。首先，加深了金融业的国际化。资本在国家间的转移，促使了金融业尤其是银行在世界范围内的广泛建立，银行网络遍布全球，同时也促使跨国银行的发展与国际金融中心的建立，这些都为国际金融市场增添了丰富的内容。目前，不少国家的金融业已成为离岸金融业或境外金融业而完全国际化。其次，促使以货币形式出现的资本遍布全球，如国际资本流动使以借贷形式和证券形式体现的国际资本大为发展，渗入到世界经济发展的各个角落。最后，国际资本流动主体的多元化，使多种货币共同构成国际支付手段。目前，几个长期资本比较充裕的国家，其货币都比较坚挺，持有这些货币，意味着更广泛地在世界范围内实现购买力在国家间的转移或可更有选择余地地拥有清偿国家间的债权债务的方式。可见，这些都在不同程度上加深了货币信用的国际化。

2. 影响因素包括：（1）供求关系：外汇汇率取决于市场上的供应与需求，而影响供应需求的因素包括汇率的价格、汇率的息差、汇率的预期趋势等。当供应大于需求时，汇率就会下降，相反需求大于供应时，汇率自然会上升。（2）投机活动：由于汇率自由浮动，驱动汇率波幅显著增大，使外汇市场的效益提高，获利的机会增加，吸引投资者参与市场操作。因此投机买卖活动占市场绝大多数，也成为影响汇率变动的因素。

【思政启示】

中国在2021年成为世界第一大外资流入国。在外商投资上，中国市场的外资准入更自由，投资活动更便利，服务体系更健全，权益保护更有效，市场竞争更公平。这种投资市场开放心态，正是中国对世界市场有容乃大的包容性格的具体表现，有力保障了中国引资规模和全球占比创历史新高，体现出人类命运共同体的中国式现代化文明新道路。

案例 2

外商直接投资下行的挑战和机遇

【案例正文】

外商直接投资下行与世界经济复苏乏力，是“一枚硬币的两面”。全球经济需求疲软，跨国公司投资就难以找到正确的方向；全球经济缺少强有力的投资支持，复苏乏力也就成为必然的结果。在经济全球化深入发展的今天，任何国家和地区几乎都不可能摆脱全球经济的不利影响而独善其身，中国也不例外。过去几年，外贸形势的严峻已经充分证明了这一点。眼下，世界经济不稳定、不确定性因素还在进一步蓄积，尤其是世界两大主要经济体都处在困难重重的深度调整期，欧元区经济陷入衰退已无悬念，美国“财政悬崖”风险依旧存在，而中国经济能否持续健康增长也将因此面临巨大考验。

面对充满变数的国际经济形势，中国发展的重要战略机遇期在国际环境方面的内涵和条件发生很大变化。中国面临的机遇，不再是简单纳入全球分工体系、扩大出口、加快投资的传统机遇，而是倒逼中国扩大内需、提高创新能力、促进经济发展方式转变的新机遇。尽管受外需萎缩影响，中国正面临产能过剩的尖锐矛盾，但同时也蕴含着巨大的内需潜力。以服务业为例，发达国家服务业占GDP份额为70%左右，中国仅为42%。差距意味着不足，更意味着潜力。从最近各方传出的种种信息看，无论是生物产业、信息产业，还是先进制造业等，在中国经济诸多领域无不蕴含着结构调整的新机遇和巨大的增长潜力。

【讨论问题】

1.什么是外商直接投资？

2.外商直接投资对中国国民经济发展产生哪些影响？

【参考答案】

1.外商直接投资指外国企业和经济组织或个人（包括华侨、港澳台胞以及中国在境外注册的企业）按中国有关政策、法规，用现汇、实物、技术等在中国境内开办外商独资企业，与中国境内的企业或经济组织共同举办中外合资经营企业、合作经营企业或合作开发资源的投资（包括外商投资收益的再投资），以及经政府有关部门批准的项目投资总额内企业从境外借入的资金。

2.外商投资对国民经济和区域经济的发展具有显著的影响。在经济全球化的今天，中国巨大的潜在市场需求吸引了大量的外商直接投资。面对新的形势，我们只有站在新的更高的高度来认识利用外资工作的重要性和必要性，继续积极、合理、有效地利用外商直接投资，才能真正推动国民经济持续、快速、健康发展。

7.2 劳动力的跨国流动

案例

每年聘请20余位世界顶尖科学家来华讲学

【案例正文】

为实施国际化发展战略，加速建设世界一流大学，清华大学经济管理学院聘请28名国际高水平学者前来执教，聘书颁发仪式在清华大学举行。据了解，此次清华大学经管学院聘请的学者，大都是改革开放以后出国求学的几十万海外学子中的佼佼者，而且均是已获得美国乃至世界一流商学院终身教职的教授。此次获聘的28名教授，将分别在管理科学与工程、经济学和金融学领域组成7个讲席／特聘教授组，他们每人每年将定期在清华大学经管学院工作3至4个月。据有关人士介绍，清华大学聘请这些国际知名的教授，主要是为了提高其在经济学科和管理学科的学术研究水平，这也是清华大学建设世界一流大学和清华经管学院国际化发展战略的重要步骤。清华大学校长王大中院士、清华大学经济管理学院院长赵纯均教授在聘书颁发仪式上向从世界各地赶来的教授颁发了聘书。

【讨论问题】

1. 什么是劳动力流动？

2. 教育服务贸易对中国对外贸易产生了什么影响？

3. 劳动力跨国流动对中国经济产生了什么作用？

【参考答案】

1. 劳动力流动是指劳动力为了获得更高的劳动报酬而在地区间、产业间、部门间、就业状态间、企业间乃至工作间的转移。劳动力流动，是劳动力商品化的结果，是劳动力追求价值最大化的直接表现。因此劳动力流动具有客观性和必然性。

2. 在全球服务贸易迅速发展的大背景之下，教育服务贸易也在加速发展。加入WTO对中国教育服务贸易形成了一种机遇和挑战并存的态势。结合中国教育服务贸易的现状，"入世"对中国教育服务贸易形成了积极影响，如加快中国改革开放进程、构建新型教育体系、推动教育法治建设的完善。

3. 第一，劳动力的移入使东道国政府的征税对象增加了，因而增加了该国政府的财政收入。第二，移民的移入国颁布的所谓"投资移民"的政策，使这些国家在接受许多移民的同时获得了某种附带利益，即该国国民财富的增加。第三，移民或劳动力的流动带来了优秀的人才和不同的文化。第四，对劳动力不足的国家，移民的到来显然会缓解劳动力供应的紧张，有助于资源的开发和利用。

7.3　技术的国际转移

案例

江苏一企业入选"科创中国"2021全球百佳技术转移案例

【案例正文】

"'科创中国'2021全球百佳技术转移案例"榜单重磅发布。徐工欧洲研发中心从海内外250个具有代表性的技术转移相关案例信息中脱颖而出，成功入选“最佳跨境创新技术产业化平台案例榜单”。这是对徐工在技术创新方面的又一次肯定。作为我国工程机械行业的代表，徐工始终坚持技术创新和国际化两大主战略不断发展。徐工基于自身技术的发展，通过绿地投资方式，在德国建立了徐工欧洲研发中心，作为关键核心技术研发创新平台，该平台荣获北威州年度最佳投资奖，并且在2019年荣获在德中资企业优秀投资奖，成为名副其实的中德合作典范。

徐工欧洲研发中心依托徐工研究院，充分利用欧洲区域先进科技资源优势，不断进行技术创新及突破，围绕液压、传动、电子和软件、智能控制技术、国标标准等关键核心技术，累计开展研发创新项目30多项，获得德国、美国、欧洲专利局等十几项国际专利授权。

【讨论问题】

1.什么是国际技术转移？

2.技术跨国转移会给中国产业发展带来哪些影响？

【参考答案】

1.技术转移，是指技术从一个地方以某种形式转移到另一个地方，包括国家之间的技术转移、从技术生成部门（研究机构）向使用部门（企业和商业经营部门）的转移和使用部门之间的转移。

2.第一，推动行业技术进步。跨国公司通过全面的技术支持、售后服务和技术性培训，在相互竞争和配套协作中推动了相关产业的技术进步，加快了发展中国家产业结构和产品结构的调整步伐，有效改进了工艺、提高了产品的质量、促进了新产品的开发。

第二，促进人力资源的开发。跨国公司十分重视员工的培训工作，把人员素质的提高视为增强企业竞争力的关键。跨国公司通过对发展中国家人才进行市场化培训，特别是与高等院校研究机构的合作和对教育的资助，不仅为跨国公司自身带来丰厚的利润，也开发了发展中国家的人力资源，提高了该国科技人才的素质。

第三，增强发展中国家企业的技术创新能力。跨国公司的技术扩散，不仅带来先进的技术设备和技术手段，还会带来国外组织与管理技术的创新及其创新网络的先进方法与经验。在有效的竞争机制下，外资企业的进入会对国内企业产生示范效应，竞争的压力使发展中国家企业必须重视技术进步与创新。

7.4　跨国公司

案例

可口可乐公司实施全球战略

【案例正文】

可口可乐公司成立于1886年，是全球最大的饮料公司，拥有全球接近一半的市场占有率。可口可乐在200个国家拥有160种饮料品牌，包括汽水、运动饮料、乳类饮品、果汁、茶和咖啡等产品，其也是全球最大的果汁饮料经销商，在美国排名第一的可口可乐为其取得超过40%的市场占有率。

可口可乐在欧洲有很强的优势，其市场份额高达50%。在日本，可口可乐控制了80%的销售量。可口可乐能够取得辉煌的成绩，离不开其运用的独特的发展策略，可口可乐采用本土化策略，利用当地优势资源发展其自身品牌。可口可乐不断改进销售模式，增加广告投入，推广新容量包装。对于法国市场，可口可乐于1989年收回其中经营不善的特许协议，促使在法国的销售量增加了23%。可口可乐也将其在哥伦比亚的电影公司49%的股份卖给索尼公司，并将这笔钱重新投入其海外软饮料业的经营上。可口可乐制定出在国际销售上增长率为8%~10%的目标，并加速其在海外装瓶合资厂的少量利润的增长。

【讨论问题】

1.什么是技术转移方式?

2.可口可乐公司跨国经营模式有哪些优势及劣势?

【参考答案】

1.技术作为一种特殊的资源和商品，对提升企业的国际竞争力具有重要价值和意义。技术的成功转移是科技经济价值得以实现的主要标志之一。同时也是一个国家和地区加快技术进步、增强经济实力及综合国力的重要工具及手段。技术转移是指将使用国家研究与发展经费产生的现有知识、便利或潜在能力加以调整利用，以满足公共和私人（企业）需要的过程。

目前技术转移主要指的是某种特定生产工艺与产品相关的系统知识在国家、地区、行业内部或之间及技术体系内输出与输入的活动过程，同时也是科技成果、信息、能力和有形体的转让、移植、引进、交流、推广普及和调整应用等相关活动的总和。技术转移包括一系列技术研发、提供与技术需求之间开展的正式和非正式合作。另外，技术转移还包括知识和技术诀窍以及有形的设备、装置的使用及转让。在我国技术转移的界限还很模糊，仍需具体操作实践进一步探讨、明确。

2.优势：第一，品牌知名度比较高。可口可乐成立至今已有百年历史，其风靡世界各国，受到各国消费者的争相追捧。第二，雄厚的资金后盾和遍布各国的销售网点。作为世界最大的饮料公司，可口可乐有着雄厚的资金资源优势。可口可乐在世界各地拥有其特许经营网点和销售点。第三，遍布世界的工厂。可口可乐每投资一个地区，就会投入大量资金在投资地建立它的生产厂房，以形成规模生产，减少生产成本。第四，赞助体育赛事。体育赛事的影响力是巨大的，支持奥运会、篮球、跑步等赛事可以提高品牌的知名度。

劣势：第一，传统口味深入人心。可口可乐的口味号称经典口味，在个性化需求的今天，对年轻消费者的吸引力会下降。第二，健康问题值得关注。可口可乐主打碳酸饮料市场，在如今生活质量提高、肥胖渐升的情况下，消费者更趋向于健康绿色饮料。

综合案例：全球化的华为公司

【案例正文】

1987年，华为技术有限公司成立于广东深圳特区，公司主营业务包括生产及销售通信产品。公司成立以来，一直秉承“良好管理、不断创新、开放合作”的经营管理理念，采用国际最先进的研发技术、聘用国内外顶级人才研发创新产品。经过多年的不懈努力，华为公司已经发展成为一个规模化的全球公司，并在全球建立多个海外市场，其中包括拉美、欧洲、中东、亚太等，拥有超过100家分支机构。目前，华为公司的全球智能手机市场份额已增加到8.5%。

在全球化的市场竞争中，华为公司主要将产品分为三个层次：核心竞争产品、形式产品、延伸产品。华为除了对产品进行精准的市场定位之外，还针对相应的产品推出一系列的关联服务，主要包括通信设备、软件、智能终端。其中，手机市场中的产品就包含各种系列，例如P系列以及Mate系列等，不同的产品系列能够更好地满足各层次消费者的需求，又不断增加了国际市场的竞争力。

企业的品牌价值是一个企业品牌竞争力的重要体现。在同类产品竞争中，企业的品牌价值体现在占领市场份额的能力及开拓新市场的能力方面。华为公司是我国最具代表性的民族企业之一，一直以来，以它独有的运作模式在国际市场中发挥自己的优势，也为我国的民族企业作出良好的榜样，使国际消费者逐步认同我国民族产品。并且，华为的品牌价值也在逐年上升，不仅仅赢得了广大消费者的认同，也提高了华为公司的品牌知名度。

产品的市场价格对于企业发展有着重要的作用，华为利用区域优势、劳动力资源不断拓展自身规模。在控制生产成本方面，华为公司建立了比较完善的预算机制，使得华为产品在价格上具有一定的优势。

华为公司利用成本领先战略在国际市场上能够迅速占领市场份额，赢得广大国际消费者的喜爱。但是也给华为带来一定弊端，对于消费者忠诚度的建立产生影响。除此之外，华为较低的产品价格也使得华为的利润降低，随着企业的不断发展和壮大，研发新产品的成本也在逐步增大，这迫使华为公司由成本领先策略向核心技术领先策略转移。华为公司针对不同国家的市场制定了不同的价格策略，使价格更加具有弹性，能够更好地适应当地的发展需要。华为公司目前产品呈现出多样化的发展趋势，产品组合相对较多，技术比较全面、成熟，能够满足客户的个性化需求。我国国内市场仍然是华为公司的本土市场，但就目前趋势看，华为国际市场的销售额已经超过了国内市场。因此，如何平衡好这两大市场，怎样分配资源才能获得最大程度的收益成为华为面临的一大问题。

华为公司在一些国家中采用直销模式，开放的开拓市场模式给华为公司带来了营销成本的上升，同时经济全球化的趋势给华为公司带来了研发成本的上升，这就会冲击华为的成本领先战略，使得产品价格上升，竞争优势下降。华为公司正在一步步摆脱低端市场，采用中高端产品策略。而在国际化战略方面，华为公司领先于其他公司，华为公司国际化战略的成功值得国内企业学习和借鉴。首先，在市场细分上，国际市场与国内市场稳步发展，做到收放有度，把国内市场作为根据地，做好国内市场之后适当开拓海外市场。其次，在竞争策略上，采用华为的成本领先战略，应当以较低的价格打入市场，以价格优势击败竞争者。最后，在研发上，要不断培养自己的研发团队，拥有核心的技术才能站在竞争的前沿，加强人才队伍建设成为华为公司发展的主攻方向。

【案例使用说明】■

一、教学目的与用途

本案例适用于“国际贸易学”课程中关于要素流动与跨国公司的教学，涉及资本与技术国际流动的动因等相关知识。通过本案例讨论，使学生全面了解技术的国际转移、跨国公司战略等核心知识，掌握相关概念、涉及的内容、核心理论知识等，以便学生在未来的实际工作中能够正确理解跨国公司技术的国际转移。

二、讨论思考题

通过阅读、分析和讨论本案例资料，帮助学生思考和掌握下列具体问题：

1. 简述技术国际转移的发展特点。

2. 简述华为全球发展战略取得成功的原因。

3. 华为的成功经验对本国产业发展带来哪些影响？

三、分析思路

本案例的概念难度、分析难度和陈述难度均适中，适用对象包括国际贸易和国际商务专业的本科生。对于缺乏专业基础理论知识的本科生，可以根据教学大纲，有选择地引导阅读案例相关材料；对于缺乏实践经验的本科生，可以引导其将所掌握的理论知识运用于本案例中每一个具体问题的分析，对案例中争论的焦点问题，作出自己的是非判断，锻炼其解决实际问题的能力。

四、思政启示

华为公司的愿景和使命是把数字世界带入每个人、每个家庭、每个组织，构建万物互联的智能世界。根据此愿景和使命，华为公司制定了可持续发展战略，并将可持续发展作为一项优先的准则全面融入到企业的整体发展战略当中。华为公司从世界人类命运共同体出发，通过可持续发展为世界人类发展谋福利，是我们今后创业、从业的学习榜样。

第8章 世界多边贸易体制

开篇案例

【案例正文】

世界贸易组织2020年9月15日发布消息称，裁定美国总统特朗普两年前对中国商品征收2 000亿美元关税的做法违反了全球贸易规则，属于非法行为。随后中国商务部发言人也在记者会上就世界贸易组织专家组给出的裁定作出回应，表示了对专家组客观、公正裁决的赞赏，并且希望美方能够尊重专家组的裁决。

然而WTO的裁决和中国的提醒却惹怒了白宫，对此特朗普解释称对中国商品征收的关税完全是合情合理的，因为“中国正在窃取知识产权”，并迫使美国公司转让技术以进入中国市场。此外特朗普还强调如果WTO不同意美国对中国的制裁，美方将考虑“做些什么”。外界猜测特朗普所谓的“做些什么”就是一种“退群”威胁，目的就是逼迫WTO在对华关税问题上选择妥协。

实际上特朗普为了一己私利胁迫世界贸易组织已不是第一次了。美方曾蓄意阻扰世界贸易组织上诉机构法官任命，破坏了世界贸易组织运行机制。逼迫世界贸易组织前总干事阿泽维多离职之后，美国又企图安排“自己人”来掌控世界贸易组织，以达到对该组织进行对己有利改革的目的。

其实无论是增收关税，还是阻挠上诉机构法官任命，美国都完全基于贸易保护主义原则。这一点在特朗普2016年竞选总统时就已经进行了阐述，他承诺将会不惜代价拯救国内的传统制造业，并且修筑关税壁垒阻挡外国商品的涌入，防止它们侵占美国企业的市场。

当时正是新型冠状病毒感染导致经济大萧条的特殊时期，而且距离美国大选只有不到50天的时间，为了留住国内利益群体的选票，特朗普需要加快对外国商品的限制步伐，所以决定故伎重施，用从世界贸易组织“退群”做威胁以达成自己不可告人的秘密。

经济全球化的潮流已经不可阻挡，美国执意要冒天下之大不韪最终只会自食恶果，经济全球化体系之下世界正在融为一个整体，相互拆分只会白白浪费发展机遇，由此可见美国现在的做法无异于是在毁坏本国和其他国家的长远利益，算得上是害人又害己。

作为全球GDP总量排名前两位的国家，中美汇聚了来自世界各国的目光，它们希望中美能够在经济全球化潮流中作出表率，引导世界经济朝着良好的方向发展，当然美国执意要站在全世界的对立面也无妨，毕竟有句话叫作不破不立，完全可以由中国单独撑起世界贸易组织的一片天。

2022年1月26日路透社报道称，WTO当天就持续10年之久的中国诉美国反补贴措施案发布裁决，认定由于美方未履行世界贸易组织生效裁决，中方在货物贸易领域每年可对美国6.45亿美元的商品征收报复性关税。中国商务部27日表示，本案胜诉成果对于纠正美国违规的反补贴做法、维护中国企业合法贸易利益、捍卫多边贸易体制具有重要意义。中方敦促美方不要再寻找任何借口，立即采取行动，纠正在对华贸易救济调查中的错误做法。

据报道，WTO的裁决书长达87页。《华尔街日报》称，该案可追溯到2012年，中国当时就美国在2008年至2012年期间对22种中国产品征收的反补贴关税向世界贸易组织提出申诉，涉及产品包括太阳能电池板、钢丝等。2018年，WTO的高级别争端调解法院作出裁决，认为美国的做法违反了WTO规则。路透社称，这起涉及反补贴关税的争端已持续了10年之久，焦点是美国能否将政府持有多数股权的中国公司视为国家控制的公司。

路透社称，WTO的裁决遭到华盛顿的冷遇。美国贸易代表办公室发言人霍奇26日发表声明，称对WTO的裁决“深感失望”。声明还狡辩称，“这反映出WTO上诉机构错误的解读”，“凸显出改革WTO规则和争端解决机制的必要性，这些规则被用来保护中国的非市场经济行为，破坏公平市场的竞争”。

《华尔街日报》称，目前还不清楚中国是否计划征收报复性关税。美国智库彼得森国际经济研究所高级研究员查德·伯恩称，如果中国选择实施WTO准许的报复性关税，可能重新导致中美贸易摩擦升级，这场贸易摩擦目前正处于脆弱的休战状态。路透社的报道指出，此次裁决的征税范围与美国前总统特朗普对逾3 000亿美元中国商品征收的关税相形见绌，这些关税大部分仍在实施。

“德国之声”称，2019年11月，世界贸易组织仲裁员曾在另一起案件中允许中国对价值35.79亿美元的美国进口商品征收关税。不过到目前为止，中国还没有通知WTO是否已经实施该裁决中批准的报复性关税。报道称，“华盛顿长期以来一直抱怨WTO争端解决系统，特别是其上诉法院，声称自己受到不公平对待。美国时任总统特朗普在2019年12月阻止了WTO上诉机构新法官的任命，使该系统陷入停滞。”

【涉及的问题】

世界多边贸易体制在国际贸易发展中扮演了一个怎样的角色？如何维护国际贸易公平性？通过本章的学习，掌握世界多边贸易体制的产生和发展，特别是世界贸易组织的宗旨、结构、组织结构、基本原则和作用，进而有助于理解和解答上述问题。

8.1　关税与贸易总协定

8.1.1　关税与贸易总协定的产生

案例

揭开关税与贸易总协定的面纱

【案例正文】

早在第二次世界大战结束之前，美、英两国在商讨建立战后国际经济新秩序时就提出了重建国际贸易秩序的设想。它们认为，20世纪20年代中期以后，各国相继推行的以邻为壑的贸易保护政策是导致1929—1933年经济大危机的原因之一，或者至少是加重了当时的经济危机。甚至认为，第二次世界大战爆发的根源之一就是当时国与国之间相互封闭市场。在它们看来，比较宽松的国际贸易环境乃是世界和平的重要保证。因此，它们倡导建立一个“国际贸易组织”（简称I.T.O.）。

1945年12月6日，美国政府单方面提出了《扩大世界贸易和增加就业的建议》，并主张在这个建议的基础上制定国际贸易宪章，以重建国际贸易秩序。美国在提出这个建议的同时，照会各国政府，提出召开世界贸易和就业会议，在美国提出的方案的基础上进行多边贸易谈判，实施关税减让。经过讨论，一个有23个国家的代表签字的《国际贸易组织宪章》即《哈瓦那宪章》产生了。其宗旨是通过促进国际贸易的发展，稳定生产和就业，鼓励落后地区的经济发展，为在世界范围内提高生活水平作出贡献。

由于《国际贸易组织宪章》生效前需要经过一段各国国会正式批准的时间，所以此前为作好贯彻《哈瓦那宪章》的准备工作，包括中国在内的23个国家的代表在日内瓦进行关税减让谈判，并将此内容的贯彻与《哈瓦那宪章》今后的执行相联系，签订了一个临时协议，即“关贸总协定临时议定书”。由此可见，最初的关贸总协定是临时性、过渡性的协议，而只有《国际贸易组织宪章》才是建立国际贸易组织的基石。

然而，美国1950年突然宣布不打算寻求国会批准《哈瓦那宪章》，这实际意味着世界贸易组织的建立也就此夭折了。但由于各国仍希望有一个比较自由的贸易环境，在经过临时协定缔约国讨论并修改之后，决定继续执行临时适用议定书。从此，关税与贸易总协定也就“临时”执行了47年之久。

虽然关税与贸易总协定是临时性协定，但由于其特殊的签订背景以及多年运行的特点，使它成为带有制度性和组织性的多边贸易协定，一直作为协调多边贸易与关税关系的文件，对缔约国具有约束力。

【讨论问题】

关税与贸易总协定产生的原因是什么？

【参考答案】

第二次世界大战结束之前，美、英两国在商讨建立战后国际经济新秩序时就提出了重建国际贸易秩序的设想。它们认为，20世纪20年代中期以后，各国相继推行的以邻为壑的贸易保护政策是导致1929—1933年经济大危机的原因之一，或者至少是加重了当时的经济危机。甚至认为，第二次世界大战爆发的根源之一就是当时国与国之间相互封闭市场。在它们看来，比较宽松的国际贸易环境是世界和平的重要保证。因此，它们倡导建立一个“国际贸易组织”，并通过谈判最终签订了关税与贸易总协定。

8.1.2 关税与贸易总协定的关税减让谈判与多边贸易谈判

案例

关税与贸易总协定的多边贸易谈判

【案例正文】

自1947年关税与贸易总协定签字以来，在其组织下共进行了8轮多边贸易谈判。按照谈判所要解决的主要问题，可以将8轮谈判分为3个阶段，即以进口关税减让为主的阶段、以非关税壁垒为主的阶段和一揽子解决多边贸易体制问题的阶段。

第一阶段，谈判从1947年持续到1967年，以关税减让为主。各缔约国的进口关税水平都明显下降。发达国家的平均关税从1947年的40%左右下降到4%左右；发展中国家的平均关税也下降到13%左右。这保证了第二次世界大战后的国际贸易能够在一个比较自由的贸易环境下展开。据统计，1913—1938年，世界贸易的年平均增长率仅为0.7%，而1948—1973年，世界贸易的年平均增长率为7.8%。1950年世界贸易总额为603亿美元，而1994年世界贸易总额已达到5万多亿美元，年平均增长率达6%，从而为各国经济增长创造了良好的条件。

第二阶段，谈判以非关税壁垒谈判为主，于1973年9月至1979年4月举行。这是一轮以消除非关税壁垒为主的关税与贸易总协定谈判，在1979年谈判结束时达成了一揽子大范围的关税减让和一系列的消除非关税壁垒措施、新协议及对关税与贸易总协定法律框架的修改意见，此次谈判结果创造了良好的国际贸易秩序。尽管关税与贸易总协定还不是真正意义上的世界贸易组织或国际贸易体系，但是它的存在使国际贸易能够有一个比较公认的法律或规章制度，从而能够规范国际贸易朝着自由化的正确方向发展。

第三阶段于1986年9月在乌拉圭的埃斯特角城举行，故称“乌拉圭回合”，有125个国家和地区派代表参加了谈判。“乌拉圭回合”谈判中部长们达成了总体的政治承诺，共有两大部分：（1）货物贸易的谈判。其目标是促成国际贸易的进一步自由化，加强关税与贸易总协定的作用，改善多边贸易体系，增加关税与贸易总协定对不断变化的国际经济环境的适应性，鼓励合作，促进世界经济增长，加强成员间的经济政策联系。（2）概述了服务贸易规则新框架的目标。这些承诺的具体谈判包括15个议题，即关税、非关税壁垒、热带产品、自然资源产品、纺织品和服装、农业、关贸总协定条款、保障条款、多边贸易谈判协议和安排、补贴和反补贴措施、争议的解决、与贸易有关的知识产权、与贸易有关的投资措施、关贸总协定体系的作用及服务贸易。由于关税与贸易总协定在很大程度上符合世界上大多数国家的自身经济利益，所以它的吸引力越来越大，缔约国从最初的23个增加到1994年年底的128个。

【讨论问题】

1.关税与贸易总协定谈判的三个阶段是什么？分别达成了什么成果？

2.关税与贸易总协定框架下的多边贸易谈判主要成就是什么？

【参考答案】

1.我们可以把谈判分为三个阶段：以关税减让为主的阶段、以非关税壁垒谈判为主的阶段、一揽子解决多边贸易体制问题的阶段。

关税减让为主的阶段包含了前六轮谈判，主要成果是实现商品的关税减让。第二阶段谈判以非关税壁垒谈判为主，主要成果是达成了一揽子大范围的关税减让和一系列的消除非关税壁垒措施、新协议及对关税与贸易总协定法律框架的修改意见。第三阶段谈判一揽子解决多边贸易体制问题，包括两点：第一，货物贸易谈判，促成了国际贸易的进一步自由化，加强关税与贸易总协定的作用，改善多边贸易体系，增加关税与贸易总协定对不断变化的国际经济环境的适应性，鼓励合作，促进世界经济增长，加强成员间的经济政策联系；第二，概述了服务贸易规则新框架的目标，包括15个议题，即关税、非关税壁垒、热带产品、自然资源产品、纺织品和服装、农业、关贸总协定条款、保障条款、多边贸易谈判协议和安排、补贴和反补贴措施、争议的解决、与贸易有关的知识产权、与贸易有关的投资措施、关贸总协定体系的作用及服务贸易。

2.主要成就包括：各缔约国的进口关税水平都明显下降；关税与贸易总协定创造了良好的国际贸易秩序；关税与贸易总协定的吸引力越来越大。

8.2 世界贸易组织

案例

WTO如何解决贸易争端？

【案例正文】

首先需要指出的是，WTO争端解决机制并没有什么神秘之处，它不过是国家之间解决纠纷的一种法律途径而已。WTO争端解决机制一般分为磋商、专家组审查、上诉机构裁决以及执行。

首先是磋商阶段，《关于争端解决规则与程序的谅解》规定，如果一个成员认为另一个成员的措施不符合WTO规则，就可以提出磋商请求。磋商（consultations）就是双方进行谈判，寻求解决问题的办法。但是WTO磋商与普通谈判有很大不同。“磋商请求”像“起诉书”，要载明争议事项和法律依据，还要向WTO通报公开，并且从此就有了一个案件名称和号码。磋商是有时限的，即双方在60日内达不成协议，就进入下一步程序。

其次是专家组审查。专家组审查属于前文提及的磋商不成时的“下一步程序”，即起诉方可以申请设立专家组审理此案。WTO秘书处会从其专家库和相关领域专家中推荐专家组成员，征求争端双方意见，并在双方不能达成一致意见时由WTO总干事指定。每个案件由3人专家组审理。专家组成立后，与双方商定工作程序，随后就开始了提交书状和开庭审理的程序，最后在6个月内作出裁决。

再次是上诉机构裁决。当事方对专家组裁决不服，可以提起上诉。上诉机构是7人常设机构，由其中3人负责具体案件审理。上诉是“法律审”，只审查专家组裁决中的法律适用和法律解释是否存在错误。经审查书状和开庭审理后，上诉机构在90日内作出裁决。这个裁决是终局的，经WTO争端解决机构通过后生效。

最后是执行裁决。主要是被诉方修改或取消被WTO认定为不符合协议的措施，同时还有两项临时执行措施，即补偿和“中止减让”，就是在立即修改或取消措施不可行的情况下，经与起诉方协商，或经WTO授权，可以提供一定的补偿或暂停给其他国家的优惠。从实际情况看，WTO裁决的执行状况非常好，绝大多数案件都“执行”了，只有少数案件采取了“补偿”和“中止减让”措施。良好的执行状况，也说明了该机制以及整个 WTO 规则的可信度和有效性。也就是说，各成员尊重 WTO 规则，相信争端解决机制，所以才会认真执行不利于自己的裁决。

至此可知，WTO 争端解决机制的作用是为国际贸易规则体系的运转“保驾护航”。以法治思维解决争端是首选，而“施加压力”、“贸易报复”和“高层交涉”等“政治手段”都应该慎用。如果用“法律思维”处理所有纠纷，那么“国际法治”的进程就会加快，并且最终使得国际社会的所有成员受益。

【讨论问题】

1.WTO 框架下争端解决机制关于争端解决的程序是怎样的？

2.WTO 争端解决机制的作用是什么？

【参考答案】

1. 根据中欧紧固件争端的解决过程，WTO 争端解决程序依次为磋商、专家组审查、上诉机构裁决以及执行。

第一步是磋商。《关于争端解决规则与程序的谅解》规定，如果一个成员认为另一个成员的措施不符合 WTO 规则，就可以提出磋商请求。磋商就是双方进行谈判，寻求解决问题的办法。

第二步是专家组审查。专家组审查属于前文提及的磋商不成时的“下一步程序”，即起诉方可以申请设立专家组审理此案。WTO 秘书处会从其专家库和相关领域专家中推荐专家组成员，征求争端双方意见，并在双方不能达成一致意见时由 WTO 总干事指定。每个案件由 3 人专家组审理。

第三步是上诉机构裁决。当事方对专家组裁决不服，可以提起上诉。上诉是“法律审”，只审查专家组裁决中的法律适用和法律解释是否存在错误。经审查书状和开庭审理后，上诉机构在 90 日内作出裁决。这个裁决是终局的，经 WTO 争端解决机构通过后生效。

第四步是执行裁决。主要是被诉方修改或取消被 WTO 认定为不符合协议的措施，同时还有两项临时执行措施，即补偿和“中止减让”，就是在立即修改或取消措施不可行的情况下，经与起诉方协商，或经 WTO 授权，可以提供一定的补偿或暂停给其他国家的优惠。

2.WTO 争端解决机制的作用是为国际贸易规则体系的运转“保驾护航”。以法治思维解决争端是首选，而“施加压力”、“贸易报复”和“高层交涉”等“政治手段”都应该慎用。如果用“法律思维”处理所有纠纷，那么“国际法治”的进程就会加快，并且最终使得国际社会的所有成员受益。用《关于争端解决规则与程序的谅解》的原话表达就是：维护成员在协议项下的权利和义务。

【思政启示】

调解纷争是世界贸易组织的重要职能，世界贸易组织是贸易体制的组织基础和法律基础，还是众多贸易协定的管理者、各成员贸易立法的监督者并为贸易提供解决争端和进行谈判的场所。世界贸易组织以独立的法律制度维护世界贸易的合理、公平运作，其独立的法治精神值得我们拥护和学习。

综合案例：中国加入WTO后的三个阶段

【案例正文】

加入WTO以来，中国参与WTO事务主要分为三个阶段。

第一阶段是融入跟随阶段，自2001年12月至2008年6月。这一时期中国政府充分把握加入WTO带来的发展机遇，切实履行加入承诺、积极参与多哈谈判。

中国在加入WTO时承诺履行《WTO协定》的义务，中国承诺的货物关税平均水平是9.8%，并承诺取消进口配额、进口许可证和特定招标等很多非关税壁垒；服务开放部门涉及12大类服务的100个分部门；在遵守规则方面，中国承诺遵守WTO各项协定的规则，确保贸易政策的统一实施，定期向WTO通报国内法律、法规和具体措施的修订调整和实施情况，遵守有关知识产权保护的承诺。

加入WTO的重要意义在于中国能够直接参与国际规则的制定。2001年12月正式成为WTO成员后，中国即在当年年底举行的总理事会上表示，中国将全面参与多哈回合谈判并发挥积极和建设性作用。半年后，中国向WTO多哈回合规则谈判组提交了渔业补贴提案，这是中国向WTO提交的第一份谈判提案。同时，考虑到入世时作出的高水平承诺，中国提出了新加入成员待遇的要价，要求享受“更小的开放范围、更低的开放幅度、更长的实施期，更晚的宽限期”。2003年9月，WTO在墨西哥坎昆举行第5届部长级会议，这是中国首次以WTO成员身份参与。此次会上，中国注意与其他发展中成员的立场保持一致，加入了巴西牵头的“农业20方协调组”（G20）、印度尼西亚牵头的“农业33方协调组”（G33）等谈判协调组。中国通过参与G20和G33提案联署和共同发声，实现了中国在农业领域的进攻利益和防守利益。

除了切实履行加入承诺、积极参与多哈谈判以外，中国还探索运用WTO规则维护权益、妥善处理WTO对华政策审议。

第二阶段是建设倡导阶段，自2008年7月至2012年10月。2008年国际金融危机发端于美国，扩展到全球，深刻改变了全球经贸格局，削弱了美国对全球经济的影响力，美国政府领导多哈谈判的意愿明显降低。中国政府及时出台应对危机的一揽子计划，在全球率先实现经济企稳回升，并开始更加积极参与多边事务，发挥建设性作用，推动国际秩序朝着更加公正合理的方向发展。这一阶段中国参与WTO的重心是进入核心决策国、全面运用WTO规则。

中国积极参与WTO的努力赢得了谈判对手的尊重，逐渐进入WTO核心决策圈。2008年7月的小型部长会议，被很多人认为是距离多哈谈判结束最近的一次会议。在这次会议上，中国受邀参加了“七方”（中国、美国、欧盟、日本、印度、巴西、澳大利亚）部长小范围磋商，首次进入多边贸易谈判核心决策圈。这次会议的重要意义在于发展中成员的话语权和重要性显著增强。此后，针对多哈回合谈判陷入停滞，中国在2009年11月底举行的WTO第7届部长级会议上，提出了“尊重授权，锁定成果，以主席案文为基础”的三项原则，呼吁坚持多边贸易体制主渠道地位。在次年举行的二十国集团（G20）峰会上，中方提出的三项原则纳入了峰会宣言中。中国注重与金砖国家的立场协调，与巴西、印度、南非等三国发表了关于多哈谈判的部长联合声明。2011年WTO第8届部长级会议期间，中国牵头举行金砖国家贸易部长会议，确立了金砖国家在WTO部长级会议期间举行会晤的惯例。2010—2011年，中国还与澳大利亚主持“十一方”高官会，帮助打破农业、非农业和服务业的谈判僵局。

与此同时，随着中国对WTO规则的运用愈发娴熟，中国开始全面运用规则，敢于在关键时刻与贸易伙伴对簿公堂。在争端解决方面，2008年到2011年，中国很多与贸易有关的政策措施被诉诸争端解决机制，相关案件从货物贸易领域扩展到服务贸易领域和知识产权领域。美国、欧盟依然是起诉中国的主要成员，值得注意的是，墨西哥、危地马拉这两个发展中成员也加入了起诉中国的行列。随着中国企业在国际市场上的份额增加，一些贸易伙伴为保护国内产业而采取的贸易保护主义措施也增多。为此，中国政府敢于斗争、主动出击。此外，中国开始深度参与WTO对美国、欧盟、日本、印度等重要贸易伙伴的审议，推动解决双边经贸问题。中国还积极利用WTO例会平台，先后就美国玩具进口措施、日本肯定列表制度、欧盟REACH法规、欧盟危险化学物质分类等对中国有较大影响的技术性贸易措施进行交涉，改善了中国国内产业发展和对外贸易的外部环境。

除此以外，作为发展中大国，中国开始为其他发展中成员提供力所能及的支持，加强南南合作。一是实施针对最不发达国家产品的进口免关税计划。2010年中国向WTO提交通报，宣布对原产自最不发达国家的部分产品实行进口免关税。二是在WTO设立“最不发达国家加入WTO中国项目”，支持项目包括资助最不发达国家人员到WTO秘书处实习、资助其官员参加WTO重要会议、举办最不发达国家加入WTO研讨会等。

第三阶段是贡献引领阶段，自2012年11月至今。这一阶段中国坚持权利和义务相平衡，积极参与全球经济治理，推动贸易和投资自由化便利化。这是中国政府在综合国力大幅提升、改革开放取得重大进展、国际形势复杂演进的背景下作出的重要战略抉择。这一阶段中国参与WTO的主要贡献是尝试发挥领导作用、抢抓规则制定主导权。

中国在WTO谈判中积极发挥影响力，与美国等主要成员频繁开展良性互动，推动谈判取得成功，成为了决定谈判走向的重要力量。在《贸易便利化协定》谈判中，针对美国、欧盟等对中国可能滥用特殊与差别待遇的担心，中国放弃享受很多发展中成员要求的技术援助，在享受实施期的条款范围上保持克制，为2013年12月举行的WTO第9届部长级会议达成协议发挥了积极作用。中国在2014年11月主办的亚太经合组织领导人非正式会议期间与美国就《信息技术协定》扩围谈判达成重要共识，2015年12月与美国发表联合声明，推动了扩围谈判的成功结束。就《环境产品协定》谈判而言，中国也是充分利用2016年主办二十国集团领导人峰会之机，推动谈判参加方就谈判着陆区形成一致，虽然最终谈判没有取得成功，但中国为谈判发挥的建设性促进作用还是受到多数参加方的积极评价。

投资便利化是中国完善全球经济治理、贡献中国智慧的第一次尝试。面对贸易与投资联系日趋紧密、WTO谈判功能停滞、多边投资规则缺位的现实，中国主办G20杭州峰会时推动达成了G20投资指导原则。2017年1月，中国在日内瓦倡议建立由发展中成员参与的"投资便利化之友"，创造性地将贸易、投资和发展三个领域融合，推动将投资便利化纳入了WTO总理事会的讨论议程，大使参赞、秘书等各层级广泛做工作，通过主办研讨会、培训班等方式，游说广大发展中成员参与其中。2017年12月WTO第11届部长级会议以联合声明倡议的方式确定了建立投资便利化多边框架的目标，启动了投资便利化讨论进程。2019年11月，中国主办WTO投资便利化部长午餐会，推动92个成员联署了投资便利化部长联合声明，并于2020年4月推动该议题进入谈判阶段。无论在审慎处理多哈回合议题与新议题的取舍平衡，倡议参加方和非参加方的关注方面，还是在协调议题的推进速度和雄心水平方面，中国都践行了"干中学"的理念，为丰富发展中国家参与全球治理提供了重要的理论和实践参考。此外，中国还在WTO内发起"塑料污染防治和可持续塑料贸易非正式对话"倡议，有力地引领了贸易与环境议题的讨论。

中国还争取把握WTO改革主动权。在美国政府实行单边主义和保护主义措施、WTO规则体系落后时代需要、CPTPP等自贸协定推动贸易自由化便利化等因素的叠加作用下，WTO面临前所未有的挑战，改革成了WTO走出困境的必然出路。对此，中国政府提出了对WTO进行必要改革的主张。2018年11月，中国发布《中国关于WTO改革的立场文件》，提出了三项原则、五点主张。随着WTO改革讨论的深入，中国又于2019年5月向WTO提交《中国关于WTO改革的建议文件》，围绕四个领域12个议题提出中国方案，这是第一份由发展中成员提交的系统阐述WTO改革建议的提案。在运用争端解决机制方面，中国先后将美国对钢铝产品采取的232措施、美国对中国出口产品采取的301措施诉诸WTO争端解决机制。中国还向WTO起诉欧盟禽肉关税配额措施案，推动欧盟对中国开放万余吨禽肉配额，将胜诉成果切实转化为产业贸易利益。中国还于2018年首次向WTO申请贸易报复授权，就美国不执行反倾销措施案的裁决申请70亿美元贸易报复授权。中国还积极出席总理事会及下属机构会议，就美国滥用国家安全措施、长臂管辖措施和澳大利亚对华为5G限制措施等加大交涉力度，积极维护产业利益。

【案例使用说明】

一、教学目的与用途

本案例适用于世界贸易组织的综合教学，通过案例讨论，使学生了解加入WTO后中国主动参与国际竞争与合作的积极姿态，让学生充分理解中国政府的大国担当、法治责任，以及对人类命运共同体价值观的践行，加深学生对世界贸易组织的认识。

二、讨论思考题

通过阅读、分析和讨论本案例资料，帮助学生思考和掌握下列具体问题：

1.加入WTO后的融入跟随阶段，中国政府主要作出了哪些努力？

2.加入WTO后的建设倡导阶段，中国走进WTO核心决策圈的主要原因是什么？在此阶段中国参与WTO的主要特征包括哪些？

3.加入WTO后的贡献引领阶段，中国对WTO的贡献引领主要现在哪些方面？

三、分析思路

本案例的概念难度、分析难度和陈述难度均适中，适用对象包括国际贸易和国际商务专业的本科生。对于缺乏专业基础理论知识的本科生，可以根据教学大纲，有选择地引导阅读案例相关材料；对于缺乏实践经验的本科生，可以引导其将所掌握的理论知识运用于本案例中每一个具体问题的分析，对案例中争论的焦点问题，作出自己的是非判断，锻炼其解决实际问题的能力。

四、思政启示

中国加入WTO后，充分体现对法治精神的尊重，使用法律手段解决争端和修改法律法规执行裁决，既是在实践国际法律，也是在促进法治进步。

第9章 国际经济一体化

开篇案例

【案例正文】

伦敦时间2020年1月31日晚11时，英国正式结束了在欧盟中长达47年的成员身份。自2月1日开始，英国进入为期11个月的脱欧过渡期，在此期间英国仍将遵守欧盟的规定和纪律，双方贸易安排维持现状。如果过渡期内双方不能达成新的自由贸易协定来处理彼此经贸联系，则双边贸易关系将按照世界贸易组织（WTO）框架处理，双方承受英国无协议脱欧的后果。

无协议脱欧的风险很高。以往的经验表明，多边自由贸易协定通常需要5~10年的时间才能通过谈判达成，这大大长于英国为自己和欧盟谈判所准备的11个月的期限。一些预测甚至认为，双方可能在2024年才能达成最终协议，而对这一协议的批准或生效可能要到2029年。如果英国与欧盟达不成协议，双方贸易关系退回到WTO框架之中，按照最惠国关税税率，欧盟对英国出口将面临4.5%左右的贸易加权平均关税，英国对欧盟出口将面临2.6%左右的关税，在加工食品、汽车零部件等领域，关税水平甚至会超过7%。

即使英国与欧盟达成协议，国际贸易同样面临交易成本上升的局面。欧盟希望英国能遵守欧盟对公司的国家补贴以及环境、工作场所和劳工标准等方面的规定，从而保证双方有一个公平或对等的竞争环境。欧盟还希望保持其进入英国捕鱼水域的权利，并坚持建立以欧洲法院为中心的解决纠纷的治理体系。英国则希望像加拿大那样，不受严格的公平竞争条件约束就达成协议，欧盟必须接受英国对其自己水域的控制，而“脱欧”后的英国也不会允许任何欧洲法院对其法律进行管辖。最后的协议一定是两方关切的某个折中点，这意味着交易成本一定会有所上升。这对英国和欧盟中那些与之有密切贸易联系的国家都会产生较大影响。德国、荷兰、挪威、比利时、意大利、波兰和西班牙都跻身对英国贸易顺差前十之列，根据出口产品的价格弹性，这些国家可能会更大程度见证与英国贸易条件的恶化。英国“脱欧”后与欧盟其他国家之间贸易成本的显著增加将对双方造成损害。

无论如何，对国际贸易和全球经济来说，英国“脱欧”或无近忧，尚存远患。即便过渡期内可能影响不大，但英国首相鲍里斯·约翰逊已经排除了任何延长过渡期的可能性，11个月之后达成协议或达不成协议都会产生较大影响。

【涉及的问题】

国际经济一体化是如何产生的？发展过程中陆续出现了哪些形式？从理论上看对全球贸易福利产生怎样的影响？本章重点学习国际经济一体化的形式和关税同盟理论，能对上述问题作出比较完整的解答。

9.1 国际经济一体化概述

案例

RCEP签署背景与重要特征

【案例正文】

2012年，东盟10国与中国、日本、韩国、印度、澳大利亚和新西兰16方启动《区域全面经济伙伴关系协定》（Regional Comprehensive Economic Partnership，RCEP）谈判。2021年11月2日，文莱、柬埔寨、老挝、新加坡、泰国和越南6个东盟成员国和中国、日本、新西兰和澳大利亚4个非东盟成员国向东盟秘书长正式提交核准书，达到协定生效门槛。根据协定规定，RCEP于2022年1月1日对上述10国开始生效。

RCEP成员国之间大多已签署双边或多边自由贸易协定（Free Trade Agreement，FTA），RCEP作为现代、全面、高质量、互惠的大型FTA，具有涵盖议题全面、经贸规则先进、包容且灵活和国家间互惠互利等重要特征。

首先，RCEP涵盖议题全面。RCEP协定包括20个章节，涵盖了国际经贸合作的诸多方面并提出新兴议题，为处于不同发展阶段、不同制度的国家在更广泛领域的合作制定了新规则。从RCEP规则制定层面可将其归纳为三类：一是传统经贸规则，包括货物贸易、原产地规则、服务贸易、海关程序和贸易便利化等；二是提升经贸规则，包括投资和自然人临时移动等；三是最高经贸规则，包括知识产权、电子商务、竞争和中小企业等。

其次，RCEP经贸规则先进。RCEP中知识产权、电子商务、竞争、政府采购和经济技术合作等领域的部分内容源于WTO，但又在WTO基础上实现了进一步提升。此外，RCEP还具有WTO中未包含的原产地规则、自然人临时移动和电子商务等议题，经贸规则更加先进。RCEP优化WTO经贸规则以对标国际高标准FTA。

再次，RCEP包容且灵活。RCEP开放包容，以经济发展水平迥异的成员国实现互惠互利为目标。一是RCEP成员国结构多元，成员国之间经济制度与社会发展水平存在差异，既包含日本、澳大利亚和新加坡等发达国家，也包含处于最不发达国家之列的柬埔寨、老挝和缅甸。二是RCEP最大限度地考虑各方诉求，根据成员国发展水平的差异，兼顾多样性和高标准，采取灵活的规则和安排，给予最不发达国家如过渡期等额外的差别待遇。

最后，RCEP国家间互惠互利。RCEP在嵌套式FTA基础上进一步推动成员国互惠互利。RCEP以东盟与中国、日本、韩国、澳大利亚和新西兰签署的5个“10+1”FTA为基础，在整合既有规则及章节条款的基础上，对涵盖领域和经贸规则进行扩展和提升。RCEP对区域内现有FTA的整合和升级能够使所有成员国降低贸易成本和风险，放宽市场准入，扩大国家之间贸易和投资规模，促进区域产业链、供应链与价值链融合，进而推动各国与高标准经贸规则对接，在各规则领域获得利益平衡，共享互惠互利成果。

【讨论问题】

1.RCEP属于哪一种国际经济一体化形式？这种国际经济一体化形式的特点是什么？

2.RCEP在传统的自由贸易区概念上，有哪些新的特点？

【参考答案】

1.RCEP属于自由贸易区。自由贸易区指由签订自由贸易协定的国家组成的贸易区，特征是在区内各成员方取消它们相互之间的贸易壁垒，但仍然保留独立的对非成员方的贸易壁垒，通常保留海关等机构从而避免其他国家的商品通过贸易壁垒较低的成员方进入整个自由贸易区。

2.第一，除了传统经贸规则，RCEP还提升经贸规则，包括投资和自然人临时移动等，以及关于知识产权、电子商务、竞争和中小企业的最高经贸规则。第二，RCEP具备WTO中未包含的原产地规则、自然人临时移动和电子商务等议题，经贸规则更加先进。第三，RCEP开放包容，考虑了成员国的经济发展水平以及诉求，给予差别待遇、技术支援。第四，RCEP在嵌套式FTA基础上进一步推动成员国互惠互利，放宽市场准入，扩大国家之间贸易和投资规模，促进区域产业链、供应链与价值链融合，进而推动各国与高标准经贸规则对接，在各规则领域获得利益平衡。

【思政启示】

在中国“十四五”规划中，对“实行高水平对外开放，开拓合作共赢新局面”作出明确规定，有助于在追求本国利益时兼顾他国合理关切，在谋求本国发展中促进各国共同发展，从而构建“人类命运共同体”。RCEP作为中国构建全球高质量自由贸易网络的重要基石，将为我国在新时期构建开放型经济新体制，加快形成“以国内大循环为主体、国内国际双循环相互促进”的新发展格局提供巨大助力。

9.2 国际经济一体化理论

9.2.1 关税同盟理论

案例

南美洲的贸易转移

【案例正文】

阿根廷、巴西、巴拉圭和乌拉圭于1991年组成了南方共同市场自由贸易区。这个协定对贸易产生了立竿见影的巨大影响：4年之内，成员国之间的贸易量增加了2倍。

但是从理论上看，这不一定是件好事。如果新贸易是贸易转移的结果，也就是说在损害了与世界其他国家贸易的条件下发生的，那么南方共同市场将很可能导致福利的降低。1996年由世界银行首席贸易经济学家设计的一项研究结果证明了这一点：虽然南方共同市场显著地促进了区域性贸易，但是在这方面的成功却牺牲了与其他国家的贸易，它对该地区经济的净影响很可能是负的。南方共同市场促使成员国的消费者更倾向于购买邻国生产的成本昂贵的制造品，而非来自非成员国的原本价格低廉却被征收较高关税的商品。由于南方共同市场的存在，巴西高保护、低效益的汽车工业实际上取代了来自其他地区的进口而独霸阿根廷市场。

【讨论问题】

1. 南方共同市场自由贸易区成立对成员国之间的贸易产生什么影响？

2. 什么是贸易转移？为什么南方共同市场自由贸易区的建立会产生贸易转移现象？

【参考答案】

1. 南方共同市场自由贸易区成立后的4年之内，成员国之间的贸易量增加了2倍。

2. 贸易转移是指关税同盟形成以后成员国与非成员国之间的贸易由成员国之间的贸易取代，即一成员国国内产品供给由成本较低的非成员国供给转向由另一成本较高的成员国供给。

南方共同市场自由贸易区的建立会产生贸易转移现象，因为成员国的消费者更倾向于购买邻国生产的成本昂贵的制造品，而非来自非成员国的那些原本价格低廉却被课以重税的制造品。特别值得一提的是，由于南方共同市场的存在，巴西高保护、低效益的汽车工业实际上取代了来自其他地区的进口而独霸阿根廷市场。

9.2.2 自由贸易区理论

案例

美国对华反倾销导致中国出现贸易转移

【案例正文】

根据WTO反倾销数据统计，2022年全球新发起反倾销调查208起，其中针对中国的反倾销调查有73起，约占全球反倾销总数的35%。中国已经连续14年成为遭遇反倾销调查最多的成员，包括鞋、布、帽子、化工产品、钢铁以及电子产品等诸多领域的产品，涉案金额呈现出逐年递增态势。出口的商品遭遇反倾销后大量滞留和返销国内的同时，不利于中国市场机制的良好运作，还会挫伤外国对华企业投资的积极性，反倾销的间接损失不可估量。

被征收反倾销税后，中国出口企业产品对美国的出口成本增加，企业积极开拓其他出口市场，开始寻找第三方市场，逐渐增加对其他地区的出口。出口机器设备、家具、纺织品、纸制品、塑料制品的企业对欧盟地区发生贸易转移，出口其余产品的企业并未对欧盟发生贸易转移。需要指出的是，中国出口到美国的产品中65%是机器设备、化工、纺织产品，与向第三方市场发生转移的产品类型吻合，由此也弱化了美国对华反倾销制裁所带来的损失。

【讨论问题】

美国对华反倾销调查，给中国产品出口造成了什么样的影响?

【参考答案】

中国已经连续14年成为遭遇反倾销调查最多的成员，包括鞋、布、帽子、化工产品、钢铁以及电子产品等诸多领域的产品，涉案金额呈现出逐年递增态势，面临的国际贸易形势较为严峻。

中国出口企业的产品在被征收反倾销税后，对美国的出口成本增加，企业开始寻找第三方市场，逐渐增加对其他地区的出口。出口机器设备、家具、纺织品、纸制品、塑料制品的企业对欧盟地区发生贸易转移。这弱化了美国对华反倾销制裁所带来的损失。

综合案例：欧盟发展的贸易效应

【案例正文】

欧洲共同体是欧洲联盟的前身，是在欧洲经济共同体、欧洲煤钢共同体和欧洲原子能共同体的基础上发展起来的。欧洲联盟的发展经历了三个阶段。

第一阶段是《巴黎条约》。第二次世界大战结束以后，整个欧洲百废待兴，欧洲国家内部存在着联合起来共同发展的强烈愿望，人们试图建立欧洲联邦，以超越国家主权，确保欧洲的和平和重建。在欧洲联盟发展史上，具有划时代意义的事件，是“舒曼计划”的提出。1950年5月9日，法国外长罗贝尔·舒曼发表了一个声明，建议“把法德的全部煤钢生产置于一个其他欧洲国家都可以参加的高级机构的管制之下”。这就明确指出了欧洲经济联合的超国家性，也指出了它的政治目标是，从让渡部分的国家主权开始，建立统一的欧洲联邦。舒曼的声明引起了联邦德国、意大利、荷兰、比利时和卢森堡的积极响应。1951年，上述六国在法国的巴黎共同签署了《欧洲煤钢共同体条约》（又称《巴黎条约》）。条约明确规定了建立这一共同体的政治动机是：决心以合并各国的根本利益，取代世世代代的对立；通过建立经济共同体，为因流血冲突而长期分裂的各国人民间的更为广阔与深刻的共同体打下基础；以及为引导今后共同体命运的组织机构奠定基石。1952年，欧洲煤钢共同体高级机构首任主席让·莫内也明确指出了成立这一共同体的政治意义，“今天，六国议会经过深思熟虑并以压倒性多数作出决定，创立第一个欧洲共同体，它集中一部分国家主权并使它们服从于各国的共同利益”。《巴黎条约》的签订，对于法德和解、西欧经济的恢复，发挥了巨大的作用，它是欧洲联盟发展史上的第一个里程碑。

第二阶段是《罗马条约》。建立六国的煤钢共同体以促进经济发展，并不是六国的唯一目的，它的最高目标是建立政治意义上的欧洲联邦或欧洲共同体。1955年5月，荷兰外长约翰·威廉·拜恩认为，六国的合作不应仅限于煤炭和钢铁，而应向国民经济的其他部门发展，只有这样，才能在欧洲建立真正意义上的政治共同体。拜恩拟就了一份荷、比、卢三国备忘录，建议六国在煤钢经济合作的基础上，再在电力、原子能、运输等部门实现经济一体化。6月，六国外长在意大利召开会议，接受了拜恩的建议，确定了建立欧洲共同市场的基本设想和目标。它们主张首先要从经济方面做到这一点，“通过扩大共同机构，有步骤地联结各国的民族经济，建立一个共同市场和逐步协调它们的社会政策，这对于创造统一的欧洲是必要的”。1957年3月25日，六国外长在意大利的罗马签署了《建立欧洲经济共同体条约》和《建立欧洲原子能共同体条约》(统称为《罗马条约》)。条约在建立工业品关税同盟，实施共同的农业政策，协调经济和社会政策，实现商品的自由流动，与成员国的海外国家及领地的联系等方面作出了详细规定。不仅如此，还建立了常设的政治机构，主要机构有：部长理事会、执行理事会、议会和法院，这些机构具有超越个别国家的独立的政治权力。1958年1月1日，《罗马条约》生效，欧洲经济共同体正式成立。1967年7月，欧洲经济共同体、欧洲原子能共同体、欧洲煤钢共同体三个机构合并，统称为欧洲共同体，简称欧共体。

第三阶段是《马斯特里赫特条约》。欧洲共同体成立以后，其政治和经济一体化的步伐大大加快。在政治领域，欧洲共同体内部各成员国的政治一体化的范围和深度进一步扩大。在外交领域和国际舞台上，欧洲共同体已经成为欧洲的决定性力量，其影响已远远超过了美国，成为在国际舞台上一支不可忽视的政治力量。在经济领域，欧洲共同体也取得了巨大的成就，各成员国之间的贸易额高速增长。在20世纪60年代至80年代，世界经济，特别是资本主义经济进入黄金发展时期，欧洲共同体所表现出来的经济活力令世界各国瞩目。这大大吸引了那些十分注重民族利益而没有加入欧洲共同体的其他欧洲国家，于是这些欧洲国家纷纷向欧洲共同体提出申请，要求加入。欧洲共同体也从扩大其经济实力、提高其政治威望、增强其在国际舞台上的竞争力出发，积极吸收那些条件已经成熟的欧洲国家加入。1973年1月1日，丹麦、爱尔兰和一向注重本民族利益的英国，一同加入了欧洲共同体。由于这些拥有现代化工业的欧洲国家的参加，一方面，欧洲共同体的经济和政治实力大大增强；另一方面，面对新形势的欧洲共同体内部也需要进行改革。1974年欧洲共同体召开会议决定从1975年起，每年定期举行两次成员国国家元首或政府首脑会议，并定名为欧洲理事会。从此，欧洲理事会成为欧洲共同体的最高决策机构。当欧洲共同体蓬勃发展的时候，整个西方资本主义国家陷入了持续多年的经济危机，以美元为主体的西方资本主义货币体系遭受了沉重打击。为了抵御美元危机造成的损害，法国和德国在1978年向欧洲理事会提出了“欧洲货币体系方案”，极力主张摆脱美元的控制，建立欧洲货币单位，这一提案得到了除英国以外的欧洲共同体国家的一致赞同。希腊在1981年1月加入欧洲共同体，西班牙和葡萄牙在1986年1月先后加入欧洲共同体。为了进一步加强欧洲共同体成员国的经济政治合作，1985年，欧洲共同体执委会主席雅克·德洛尔提出了于1992年12月31日以前，在欧洲共同体内部消除货物、人员、劳务和资本的自由流动的障碍，建立统一的欧洲大市场的主张，得到欧洲共同体12个成员国的一致赞同。1986年欧洲共同体成员国共同签署了《单一欧洲法令》，明确规定在欧洲共同体内“内部市场由一个没有内部边界的区域构成，在此区域内，货物、人员、劳务与资本的自由流动得到本条约条款的保证”，并确定了在1992年12月31日以前逐步建成欧洲共同体内部的统一大市场。《单一欧洲法令》的通过，为欧洲经济与货币联盟、欧洲政治联盟的建设奠定了坚实的基础。1993年1月1日欧洲共同体内部统一的大市场正式形成。

当欧洲共同体在经济一体化的道路上迅速发展的时候，苏联、东欧国家发生了放弃社会主义、转向资本主义，放弃计划经济、转向市场经济的剧变。与此相连，华沙条约组织和经济互助委员会也迅速消亡。这时，加强欧洲共同体的政治一体化、经济货币一体化、外交和安全防务一体化、司法和民政一体化，便被提上了议事日程。1990年，欧洲共同体提出了建立欧洲联盟的问题。经过反复的讨论和磋商，1991年12月，欧洲共同体成员国在荷兰的马斯特里赫特举行的欧洲共同体成员国首脑会议上，正式签署了《欧洲联盟条约》（又称《马斯特里赫特条约》），并于1993年11月1日生效。欧洲联盟的建立，不仅大大增强了欧盟成员国的经济和军事实力，而且增强了欧洲联盟的外交实力和在国际舞台上的分量。《马斯特里赫特条约》的签订，在欧洲联盟发展史上具有划时代的意义，是欧洲联盟发展史上的第三个里程碑。1995年1月1日，瑞典、芬兰和奥地利一起加入欧洲联盟。2002年1月欧元正式流通。2009年《里斯本条约》生效后，欧盟具备了国际法主体资格，并正式取代和继承欧共体。

欧洲一体化建设半个多世纪以来在曲折中不断取得积极进展。欧盟先后建立了关税同盟，实行了共同贸易政策、农业和渔业政策，统一了内部大市场，基本实现了商品、人员、资本和服务的自由流通。建立了经济与货币联盟，在欧元区内统一了货币。一体化建设逐步向外交、安全、司法、内务等领域拓展，并不断取得进展，欧盟通过《阿姆斯特丹条约》和《尼斯条约》，陆续将“申根协议”纳入欧盟法律框架，把民事领域司法合作纳入欧盟机制。2009年《里斯本条约》生效后，欧盟机制改革陆续启动，当年选举产生了首任欧洲理事会常设主席范龙佩和首任欧盟外交与安全政策高级代表兼欧委会副主席阿什顿。2010年3月，欧盟提出了对外行动署组建方案，次年行动署主要职位任命和机构组建工作初步完成。欧债危机爆发后，欧盟进一步推动相关改革，包括积极推动银行联盟、资本市场联盟、能源联盟和单一数字市场建设，加强安全防务等领域合作。目前，欧盟是世界上区域一体化程度最高的国家集团。

欧共体自1968年7月1日即建立了关税同盟，对内取消了关税，对外统一了关税。关税同盟的产生便导致了贸易创造和贸易转移现象，但从多年欧盟的贸易情况来看，占主导作用的依然是创造效应，这和欧盟内的进口需求弹性有关。美国经济学家彼德·林德特得出结论：最好的贸易创造情况是这样的，高弹性的进口需求，同盟建立之前的高关税，以及在同盟内处处存在的几乎像在外部世界一样低的成本。相反地，最糟糕的贸易转移情况是这样的，无弹性的进口需求以及整个新关税同盟内存在的各种高成本。可见，原先只有15国的欧盟，其成员国之间经济发展水平相差不大，进口产品供需价格弹性均处于较高水平，特别是产业内贸易与技术贸易的增长迅速，互相依赖性很强，因而贸易创造效应较明显，虽然也存在着农产品贸易转移效应，但与贸易创造相比，不可相提并论。

但在2004年5月1日，欧盟实现了历史以来最大规模的东扩行动，捷克、爱沙尼亚等东欧10国顺利地加入欧盟。此次加入欧盟的国家与原先的欧盟成员国相比属于“穷国”，经济发展水平差别较大，贸易结构也不同，因此新欧盟内部的进口需求弹性必然会发生变化。那么，现今欧盟内部的贸易创造和贸易转移效应又会是怎样呢？东扩后的欧盟在国际贸易上的整体福利是上升了还是下降了，取决于贸易创造和贸易转移两种影响中哪种占了优势地位。

拥有更多成员国的欧盟组织，其本身的排他性会更强，此外对欧盟区域外其他国家所采取的各种严格的限制措施和歧视性贸易保护政策，必然会表现为欧盟区域内成员国之间贸易比重的上升和区域外贸易比重的不断下降。回顾历史，从1958年到1993年的36年间，由于贸易创造效应，欧盟区内贸易额增长了9倍，年均增长6.7%，而区外贸易额仅增长了4倍，年均增长4.8%。至20世纪90年代区内贸易已占贸易总额的约60%，而区外贸易总额只占全部贸易额的40%。到了2002年，由于国际经济形势的影响，欧盟强化内需拉动经济，使这一比重又有所提高，依此趋势，欧盟东扩必然使内部贸易愈演愈烈，贸易创造效应的产生也将使东西欧整体福利得到提升。贸易转移也不可避免，由于中东欧国家的自然禀赋，东扩在某种意义上是将新成员国变成欧盟的制造业和农副产品生产基地，以减少对区域以外相关产品的进口需求，这种制造业原本可以转移到生产成本更低的其他非成员国，现在由于即将出现的关税同盟而转移到了中、东欧的新成员国，这种贸易转移会导致在全球经济中资源的低效率分配，带来负面影响。

虽然两种贸易效应同时在起作用，但我们也应看到在欧盟内部的贸易转移效应会随时间的增长削弱福利降低的负面作用。这是因为贸易转移会促进成员国之间贸易自由化的进程，专业化分工向广度和深度拓展，生产要素和资源配置更加优化，成员国之间的市场竞争加剧，从而使贸易伙伴的生产成本降低到世界最低水平以下，并以比自由贸易协定成立以前更低的价格向非成员国出口，这样从长期来看各成员国的福利水平不仅不会下降还很可能提高。贸易创造可以提高欧盟内部的经济福利，而贸易转移对经济福利的影响既有积极作用也有消极作用，如何趋利避害，就需要欧盟在东扩的进程中不断地探索和调整了。

【案例使用说明】

一、教学目的与用途

本案例适用于国际经济一体化的综合教学，通过案例讨论，使学生了解国际经济一体化的概念与形式、欧盟经历的各种国际经济一体化形式的演变、欧盟整个发展历程所产生的贸易效应，进而让学生充分理解国际经济一体化的主要内容。

二、讨论思考题

通过阅读、分析和讨论本案例资料，帮助学生思考和掌握下列具体问题：

1.英联邦特惠制的主要内容是什么？它属于哪种国际经济一体化形式？

2.简述欧洲经济共同体的发展历程。它属于哪种国际经济一体化形式？

3.欧洲共同体的《单一欧洲法令》主要内容是什么？在成员国签署该法令后，欧洲共同体属于哪种国际经济一体化形式？

4.欧盟发展至今，属于哪种国际经济一体化形式？为什么？

5.欧盟发展历程的贸易效应如何？

三、分析思路

本案例的概念难度、分析难度和陈述难度均适中，适用对象包括国际贸易和国际商务专业的本科生。对于缺乏专业基础理论知识的本科生，可以根据教学大纲，有选择地引导阅读案例相关材料；对于缺乏实践经验的本科生，可以引导其将所掌握的理论知识运用于本案例中每一个具体问题的分析，对案例中争论的焦点问题，作出自己的是非判断，锻炼其解决实际问题的能力。

参考文献

[1] 斯密. 国富论 [M]. 唐日松，译. 北京：华夏出版社，2005.

[2] 俄林. 区际贸易与国际贸易 [M]. 逯宇铎，苏振东，李秉强，译. 北京：华夏出版社，2008.

[3] 韩青，高先民，张凯华. 贸易战争——500年全球贸易进化史 [M]. 成都：四川出版集团，四川教育出版社，2011.

[4] 卢艳平，肖海峰. 中美纺织品贸易变动影响因素——基于修正的CMS模型 [J]. 中国农业大学学报，2020，25（6）：154-164.

[5] 石慧，张丹. 中国高新技术产品贸易主要特征、面临形势与前景展望 [J]. 国际贸易，2013（7）：23-28.

[6] 蒋雅文，耿作石，张世晴. 西方经济思想史 [M]. 北京：科学出版社，2010.

[7] 王琛. 中国参与WTO二十年：从融入跟随、建设倡导到贡献引领 [J]. 亚太经济，2022（3）：9-18.

[8] 张玉柯. 从GATT到WTO——全球多边贸易体系的发展 [J]. 河北大学学报（哲学社会科学版），2002（2）：91-95.

[9] 郭百红，顾学华. 美国国际贸易政策演化及其对中国的启示——基于政治经济学的分析视角 [J]. 改革与战略，2019，35（9）：41-50.

[10] 王永昆. 相互需求论（一）——西方国际贸易理论介评第三讲 [J]. 国际贸易，1987（3）：53-55.

[11] 冯维江. 英国"脱欧"对国际贸易的影响 [J]. 中国远洋海运，2020（2）：26-28；8.

[12] 郑可，青木，倪浩，等. 8591亿，美贸易逆差又创历史 [N]. 环球时报，2022-02-10.

[13] 张伟伦. "看不见"的经济动力正推动贸易转型 [N]. 中国贸易报，2021-11-25.

[14] 汪田姣. 新一轮工业革命对中国国际分工的影响及应对 [J]. 当代经济，2021（12）：14-18.

[15] 薛巨. 第二次世界大战前的苏日贸易 [J]. 外国问题研究，1983 (3)：29-33.

[16] 伍山林. 如何认识经济思想的“谱系”——以英国重商主义为例 [J]. 经济思想史学刊，2021 (3)：148-164.

[17] 林美春. 世界纺织产业转移与我国的对策 [J]. 经济论坛，2007 (11)：53-54.

[18] 周经，李勇刚. 马克思国际经济贸易理论及其现实意义 [J]. 社会科学家，2015 (4)：32-34.

[19] 陈永志. 新时期商品国际价值变化的背景、特点及启示 [J]. 黑龙江社会科学，2011 (1)：47-52.

[20] 刘冰. 改革开放以来贸易条件的考察与分析 [D]. 太原：山西大学，2016.

[21] 刘戒骄. 生产分割与制造业国际分工——以苹果、波音和英特尔为案例的分析 [J]. 中国工业经济，2011 (4)：148-157.

[22] 杨国华. 论WTO争端解决机制的作用——以中欧紧固件争端和光伏争端为例 [J]. 北方法学，2018，12 (5)：131-142.

[23] 施锦芳，赵雪婷. RCEP关税减让对中日韩经贸关系的影响研究 [J]. 财经问题研究，2022 (1)：120-129.

[24] 李晓勤，田曦，应瑞瑶. 我国出口企业遭受反倾销后贸易偏转效应研究——以美国对华反倾销案例分析 [J]. 价格理论与实践，2017 (3)：143-146.